Der Untergang der Dreimastbark Johanne 1854

oder

Das Schicksal hessischer Auswanderer vor Spiekeroog

Erzählt und berichtet
von
Gotthard Fürer

Impressum

Idee und Text: Professor Gotthard Fürer

Verlag: Enno Söker, Marienkamper Straße 1, 26427 Esens, Tel. 04971/9105-0
info@soeker-druck.de, www.soeker-druck.de

Herstellung: Satz, Grafik, Druck und Gestaltung
sowie Konfektionierung
Enno Söker, 26427 Esens

2. Auflage: 2013

ISBN: 978-3-941163-00-3

Inhaltsverzeichnis Seite

Der Entschluss 5

Der Aufbruch 15

Flussreise auf der Weser 18

Sturm auf der Nordsee 29

Schiffbruch vor Spiekeroog 36

Aufenthalt auf Spiekeroog 47

Rückkehr zum Festland 55

Nachwort 57

Gründung der DGzRS 58

Quellenverzeichnis 61

Bildverzeichnis 61

Bildnachweis 63

Der Entschluss

Jacob Vollmer sitzt am schweren hölzernen Esstisch, der in der sparsam eingerichteten Wohnküche steht und die Familie bei den Mahlzeiten zusammenführt. Mit am Tisch, auf dem einige wenige Papiere liegen, sitzt seine Frau Anna Gertrud mit Flickarbeiten beschäftigt. Es ist ein Abend Anfang März 1854. Die Dämmerung ist bereits eingetreten. Im Zimmer ist es recht dunkel. Deshalb brennt ein Öllämpchen auf dem Tisch. Es spendet nur dürftiges Licht, gerade genug um mit großen Buchstaben zu schreiben und um zu stopfen. Von Jacobs zwei Jungen Friedrich (*1839) und August (*1842) und den beiden Mädels Marie Elisabeth (*1837) und Anna Elisabeth (*1847) ist nichts zu hören und zu sehen.

Jacob (*1807) schreibt in ungelenker Schrift Zahlen auf ein Blatt Papier. Auf die Dorfschule von Oberkaufungen, etwa 12 km von Kassel entfernt, ist er in den Jahren 1813 bis 1820 gegangen. Es war die Zeit kurz nach der Befreiung des Kurfürstentums von Hessen-Cassel durch die mit den Preußen verbündeten Russen. Der Kurfürst Wilhelm I. ist aus seinem Exil heimgekehrt, nachdem der König von Westphalen, Jeromé, Napoleons Bruder, beim Anrücken der Verbündeten fluchtartig seine Residenz in Kassel verlassen hatte.

In dieser politisch unruhigen Zeit hat Jacob seine Jugend verlebt. Nach Kurfürst Wilhelm I. kamen sein Sohn Wilhelm II. und sein Mitregent Friedrich Wilhelm (1831 bis 1866) zur Herrschaft. Sie waren keine absolutistische Regenten mehr, wie ihre Vorfahren es waren. Diese schlossen noch mit anderen Staaten Subsidienverträge ab und vermieteten hessische Truppen für fremde meist kriegerische Ziele ins Ausland. Aber auch die Kurfürsten, die früheren Landgrafen, waren auf ihren Vorteil bedacht. Erst die unblutige Revolution von 1848 brachte den ersten Versuch, das Land demokratisch zu regieren. Damit war aber die Günstlingswirtschaft nicht gleich beseitigt. Die, die dem Kurfürsten von Vorteil waren, kamen vorwärts.

Das Volk auf dem Lande merkt wenig davon. Hier haben die Jahreszeiten mit ihrer Witterung und mit dem Einfluss auf die Ernte noch Bedeutung.

Wenn es der Landwirtschaft und der Stadtbevölkerung gut ging, blühte auch das Handwerk. Der Handel spielte nur in den städtischen Regionen eine wesentliche Rolle.

Jacob ist Tagelöhner. Über die Generationen hinweg ist das Land, das die Bauern besitzen, durch Erbteilung immer kleiner geworden. Eine Familie kann deshalb oft von ihren Äckern nicht mehr leben. Jacob besitzt etwas Land, aber nicht mehr als für die Familie und etwas Vieh nötig ist. Für eine Kuh oder gar ein Ackerpferd reicht es nicht. Der bescheidene Gemüse- und Kartoffelanbau versorgt gerade die Familie.

Abb. 1: Oberkaufungen auf der Freiheit.

Sein Haus ist alt und dürftig, so dass die vier Kinder sich zwei Kammern teilen, anderenfalls hätten die Betten in der Küche aufgeschlagen werden müssen. Er hat einige Untermieter. Jacob und Gertrud arbeiten in der Landwirtschaft, so wie es die Jahreszeiten mit sich bringen. Im Winter hilft Jacob dem Förster beim Holzeinschlag. Wenn schlechtes Wetter ist, finden sie beide keine Arbeit. In der örtlichen Braunkohlengrube hatte Jacob auch einmal gearbeitet. Aber zu einer festen Anstellung ist es nicht gekommen. Seit einigen Jahren gibt es in Oberkaufungen einen größeren Handwerksbetrieb, fast schon eine auf Stühle spezialisierte Möbelfabrik. Sein Schwager Johannes Friedrich war dort Schreiner gewesen. Er starb vor einigen Jahren und hinterließ seine Frau Anna Elisabeth (*1811) und die beiden Jungen: August Jacob (*1838) und Carl Wilhelm (*1842). Anna Elisabeth ist die ältere Schwester von seiner Frau Anna Gertrud (*1813), geb. Gabel.

Jacob schaut auf seine Papiere und dann zu Gertrud. Mit ihren 41 Jahren sieht sie nicht mehr so blühend aus wie damals, als sie sich fanden. Die schweren Zeiten des Erntens und all das Tun für die sechsköpfige Familie, für das Häuschen, für Garten und Vieh hat viel Kräfte gekostet. Jetzt sitzt sie wieder vor einem Berg von Näh- und Stopfarbeiten, die immer anfallen.

So geht es nicht weiter, denkt Jacob, keine sichere Arbeit, aber Teuerung im Lande wegen der vielen schlechten Ernten der letzten Jahre. Das macht das Leben schwer. Auch müssten die Kinder eine Lehre anfangen. Wer aber nimmt Lehrlinge und leistet Logis und Kost für sie?

Die Familie braucht eine bessere Zukunft. Das Kurfürstentum Hessen-Cassel ist dafür zu klein und eng und es wird schlecht regiert. Mehr Freiheit, mehr Chancen für sich und die Familie, die wünscht er sich.

Jacob dreht sich seiner Frau zu, nachdem er die Zahlenreihen auf seinen Papieren noch einmal durchgegangen ist. „Gertrud", sagt er, „du weißt, dass Anfang dieses Jahres" – man schrieb das Jahr 1854 – „Herr Jansen aus Bremerhaven bei uns in Oberkaufungen war. Er arbeitet als Agent für eine Reederei, die im Herbst eine in Lienen, nicht weit von Bremen, auf Kiel gelegte Dreimastbark erwerben will.

Mit ihr will der Reeder Ulrici in das Passagiergeschäft auf dem Atlantik einsteigen. Die erste Überfahrt dieser Bark von Bremerhaven nach Baltimore in den Vereinigten Staaten wird mit Auswanderern geschehen. Auswanderer aus Deutschland wird es sicher genug geben. Unsere wirtschaftlichen Verhältnisse verschlechtern sich jährlich, und die wachsende Bevölkerung im Lande wird für uns alle eine schwere Last."

Gertrud erinnert sich gut an den Agenten Jansen und an seinen kleinen Vortrag im Oberkaufunger Gasthaus.

„Ich habe", setzt Jacob sein Gespräch fort, „hin- und hergerechnet. Wenn wir hier in Oberkaufungen alles verkaufen, was wir hier lassen müssen, haben wir vielleicht soviel Thaler, dass wir die Überfahrt für uns alle bezahlen können. Etwas Startkapital in der Fremde bleibt uns dann noch übrig."

Gertrud sieht von ihrer Stopfarbeit auf und blickt ihren Mann an. „Ich habe über unsere Zukunft auch gegrübelt. Die Kinder werden groß. Wir müssen an ihre Ausbildung und an ihre Zukunft denken. Alles wird teurer."

„Ja, Gertrud, du hast recht," erwidert Jacob, „mit meinem unsicheren Tagelöhnerverdienst und mit deinem Lohn beim Bauern können wir die auf uns zukommenden Ausgaben nicht bestreiten. Die Heimat zu verlassen fällt schwer. Für einen neuen Start sind wir aber noch rüstig genug."

„Das gilt auch für die Kinder, für die unser neuer Wohnort Heimat werden soll." Gertrud sieht wieder von ihrer Arbeit auf und blickt nachdenklich in das Dunkle der Stube. „Ich kann mir einen solchen Schritt noch nicht vorstellen. Die Heimat und alle Verwandte und Freunde verlassen und in ein fernes Land ziehen? Wir können noch nicht einmal die Sprache der Siedler und Händler, die da wohnen."

Jacob beruhigt sie. „Im Staate Wisconsin leben viele Deutsche, auch aus Hessen. Du kannst dich vielleicht an meinen Vetter Vollmer erinnern. Er lebt dort wie viele andere, und ich bin sicher, sie helfen uns in den ersten Jahren. Ich werde ihm schreiben, von uns und unseren Plänen erzählen und um erste Hilfe bitten. Unser Ziel soll eine eigene Farm sein."

Jacob beginnt zu erzählen, wie man an eigenes Land kommt. Auch in Wisconsin, einer der neuen 1840 gegründeten amerikanischen Staaten der Union, gibt es noch viel brachliegendes Land.

Wisconsin liegt südlich der nordamerikanischen Seen, dem Oberen- und dem Michigan See. Es hat Kontinentalklima, ähnlich wie in Kurhessen. Nur die Winter sind kälter und schneereicher. Es gibt kaum schützende Bergrücken, so dass der Schneesturm aus dem unendlich weiten flachen und waldreichen Norden freie Bahn hat.

Wisconsin hat genug Wald, und Holz gibt es reichlich. Im Norden liegt Hügelland und im Süden geht dieser Staat in die zentrale Ebene, die Prärie, über, die sich für Ackerbau und Viehzucht eignet. In diesem Staat überwiegen die Europäer: Franzosen, Deutsche und Engländer.

Jacob erzählt weiter: „Nach einiger Zeit als Lohnarbeiter auf einer Farm haben wir genug Geld bei Seite gelegt, um freies Land zu erwerben. Dabei muss man nur nachweisen, dass kein anderer dort Anrechte hat oder dort siedelt. Dann steckt man sich das gewünschte Land ab und besitzt damit einen Rechtsanspruch, einen ‚claim'. Nach vier Jahren muss man für das Land an die Staatsverwaltung zahlen, zur Zeit 1 Acre (= 0,4 ha) nur 1,25 Dollar. Viele beginnen mit 40 Acres (=16 ha), für die 50 Dollar auf den Tisch zu legen sind. Nach 15 Jahren harter Arbeit ist die Farm vielleicht 64 ha groß. Das ist kein unmögliches Ziel."

An solche Erfolgsgeschichten kann sich Jacob erinnern. Heute ist er 47 Jahre alt. Wenn er gesund bleibt und Gertrud auch, ist dieses Ziel erreichbar, zumal die beiden Jungen, 16 bzw. 12 Jahre alt, mit Sicherheit zupacken werden, um die gemeinsame Zukunft zu gestalten.

Jacob hat sich in Begeisterung geredet. Gedanklich ist er schon auf seinen Feldern, Wiesen und in seinem Wald in Wisconsin. Die Überfahrt nach Amerika ist für ihn das kleinste Übel.

Gertrud hat keine weiteren Fragen. Sie traut Jacob und sich den Neuanfang zu. Die Jungen kommen vom Ballspielen und Anna Elisabeth von ihrer Freundin heim. Die Familie bereitet sich auf das bescheidene Abendbrot vor. Ihre Auswanderungspläne erwähnen die Eltern vor den Kindern mit keinem Wort.

Ein paar Tage später, kurz vor dem abendlichen Einschlafen, kommt Gertrud auf Jacobs Pläne zurück. Fast unvermittelt beginnt sie: „Jacob, ich habe meiner Schwester Elisabeth von unserer Unterhaltung über deine Auswanderungspläne erzählt. Sie hatte manche Fragen. Ich glaube, sie würde mit ihren beiden Söhnen mitmachen. August ist ja bereits 16 Jahre und Carl Wilhelm 12 Jahre alt. Sie haben ohne ihren Vater hier in Oberkaufungen keine rechte Zukunft.

Jacob ist ein wenig überrascht, denn die ganze Verantwortung für die Reise und den Start in der „Neuen Welt" wird dann bei ihm liegen. Aber in den fast erwachsenen und nahezu gleichaltrigen Vettern seiner Söhne wird er neben den erfahrenen Frauen und Schwestern eine kräftige Unterstützung finden. So sagt er zu seiner Frau: „Gertrud, wir wollen mit deiner Schwester ausführlich darüber reden. Ganz leicht wird der Start in Wisconsin nicht werden."

Bald findet Jacob eine Gelegenheit, mit seiner Schwägerin über seine Pläne zu sprechen. Seine Frau ist dabei. Man rechnet gemeinsam und stellt fest: Wenn sie ihre bescheidenen Anwesen günstig verkaufen, dürfte das aufgebrachte Geld für die Überfahrt und für den Neuanfang in Wisconsin reichen. Der Briefkontakt zu den Verwandten Vollmer lässt hoffen, dass sie bei ihren ersten Schritten helfen werden.

So beschließen Jacob und die beiden Schwestern, mit dem Agenten der Reederei Ulrici zu sprechen. Sicher werden sie sich über die Schiffspassage einig. Herr Jansen wird im April in Oberkaufungen erwartet. Bis dahin sind es noch einige Wochen, in denen mit dem Bürgermeister und mit den möglichen Käufern für die beiden bescheidenen Häuser verhandelt werden kann. Beim Bürgermeister muss sich Jacob um die Entlassungsurkunde bemühen, denn er und die Seinen sind kurhessische Untertanen.

Wie erwartet, kommt Herr Jansen Anfang April wieder nach Oberkaufungen und steigt in der einzigen Gastwirtschaft mit Logis ab. Das spricht sich im Dorf schnell herum. Jacob und seine Schwägerin Elisabeth haben Käufer für ihre kleinen Anwesen gefunden. Die Kaufverträge sind jedoch nicht unterschrieben. Auch der Bürgermeister sieht keine Schwierigkeiten bei den zu beantragenden Entlassungsurkunden. So vereinbart Jacob mit seiner Ehefrau und seiner Schwägerin einen Termin mit Herrn Jansen.

Als sie in der Gaststätte erscheinen, sitzt Jansen in einer Ecke des Gastraumes, wo ihn keiner so leicht stören kann. Er blättert in seinen Papieren und raucht dabei sein Pfeifchen.

Jacob tritt an seinen Tisch und sagt: „Guten Abend, Herr Jansen". Der schaut kaum auf und murmelt: „Moin!", wobei Jacob nicht recht weiß, was er mit diesem Gruß anfangen soll. So sagt er vorsichtshalber noch einmal: „Guten Abend!" Nun fordert Jansen seinen Besuch zum Sitzen auf und das Gespräch beginnt: „Na, Herr Vollmer was führt sie zu mir? Sie haben Begleitung mitgebracht?" Jacob stellt die beiden ihn begleitenden Frauen vor. Jansen zeigt nun deutlich mehr Interesse und sagt: „Herr Vollmer, ich vermute, ihre Absicht mit der Familie und sogar mit Verwandten in die Staaten auszuwandern, nimmt Gestalt an."

Jacob erzählt ausführlich, was er inzwischen überlegt und getan hat. Jansen unterbricht ihn selten, meist nur, um sich davon zu überzeugen, wie die beiden Frauen denken und um ihnen Gelegenheit zu geben, selber Fragen zu stellen. Sie stehen, so stellt er fest, hinter den Auswanderungsplänen. Aber sie wollen mehr Sicherheit, vor allem bei der Überfahrt haben.

Jansen nimmt auf diese Überlegungen Rücksicht, und so spricht er: „Das Verlassen der Heimat ist ein schwerer Entschluss. Man kann im Ausland scheitern oder das große Los ziehen. Ich glaube aber, ihre Pläne haben Hand und Fuß. Hier in Kurhessen kommen sie und ihre Kinder auf keinen grünen Zweig. Für ihre Kinder, besonders für ihre Jungen, müssen sie an die Zukunft denken. Sie möchten gewiss, dass sie sich nicht täglich um Lohnarbeit bemühen müssen."

Er sieht die Frauen an. Sie machen nicht den Eindruck großer Entschlossenheit, aber sie widersprechen auch nicht. So fährt er fort: „Für die Überfahrt habe ich noch Passagen auf der Dreimastbark ‚Johanne' frei. Sie wird in den nächsten Monaten in Dienst gestellt und ist nagelneu. Mit ihr könnt ihr alle Anfang November über den Atlantik segeln. Das ist für die Überfahrt vor dem Winter wahrscheinlich die letzte Möglichkeit. Die dann zu erwartenden Herbst- und Winterstürme sind unberechenbar."

Jacob, noch nie am Meer gewesen, hat von der Seefahrt, von Wind, von Wellenhöhe und Sturm keine Ahnung. So interessierten ihn besonders Unterbringung und Verpflegung an Bord: Auch die Frauen haben Fragen. Aber Jansen ahnt schon, was sie wissen wollen, und so beginnt er zu erzählen:

„Die ‚Johanne' ist ein dreimastiges Segelschiff. Sie ist etwa 30 Meter lang, 8 Meter breit und hat einen Tiefgang von 4 Meter. Sie entspricht

Abb. 2: Dreimastbark „Johann Theodor" – gleicher Bautyp wie die „Johanne".

dem Bautyp der ‚Johann Theodor', ein Schwesterschiff der ‚Johanne'. Sie wird zur Zeit auf einer Werft in Liener vom Werftbesitzer Gerhard Wurthmann gebaut. Liener liegt nicht weit von Elsfleth. Die ‚Johanne' wird demnächst fertig und soll dann vom Bremerhavener Reeder Ulrici übernommen werden. Ihre erste Fahrt und zugleich Atlantiküberquerung ist noch in diesem Jahr geplant. Die Überfahrt beginnt in Bremerhaven und endet an der amerikanischen Ostküste in Baltimore. Kapitän wird Johann Diedrich Oldejans sein, ein erfahrener Seemann im mittleren Alter. Die Mannschaft wird aus fünfzehn Seeleuten bestehen, alles tüchtige Männer.

Die ‚Johanne' ist nicht als Frachtsegler auf Kiel gelegt und vom Reeder Ulrici geordert worden. Ihre Commerzlast beträgt 130 Cl (Nettoregistertonnen). Stattdessen soll sie die große Zahl von Auswanderern über den Atlantik in die neue Welt bringen. So sind zwei Decks für Passagiere vorgesehen. Bis zu 215 Passagiere müsste das Schiff transportieren können."

Die beiden Schwestern hören den bisherigen Ausführungen von Jansen aufmerksam zu. Nun werden sie munter und stellen ihre Fragen, die sich – nach Hausfrauenart – um die Unterbringung von so vielen Menschen aller Altersgruppen, darunter Kindern und Säuglingen, und um Verpflegung drehen. Aber auch Fragen nach den sanitären Einrichtungen und nach dem Gepäck, das mitgenommen werden darf, beschäftigen sie.

Auf diese Flut von Fragen ist Jansen nicht vorbereitet. Er hat die „Johanne" nur in der Werft im Rohbau gesehen, als der Schiffsrumpf mit seinen Spanten auf der Hellinge lag. Aber er bleibt nicht sprachlos. Er erzählt vom Kapitän und der Mannschaft, aber auch von den verschiedenen Passagierklassen, je nachdem die Gäste zahlen können. Vollmer wird im Zwischendeck die dritte Klasse buchen. In alle Einzelheiten geht er nicht. Er verschweigt aber manches, was die Frauen von ihren Plänen abhalten könnte.

Schließlich schiebt Jansen die fertigen Passagepapiere über den Tisch und bittet um Unterschrift. Doch Jacob zögert noch. Er braucht zwei Tage Bedenkzeit. Länger will Jansen auch nicht in Oberkaufungen warten. Es drängt ihn heim nach Bremen.

Zuhause angekommen, setzt sich Jacob mit seiner Frau und ihrer Schwester an den großen Esstisch und faltet die Hände: „Was nun?" sagt er,

„Wollen wir das Risiko auf uns nehmen und einen Neuanfang in Amerika wagen? Anstatt auf dem Lande in der Stadt arbeiten, möchte ich nicht. Hier in Oberkaufungen ist alles überschaubar. Eine Zukunft haben wir und unsere Kinder hier aber nicht. Selbst ein fester bezahlter Arbeitsplatz ist uns nicht sicher."

Die beiden Frauen stimmen Jacob zu. Aber die Überfahrt mit der „Johanne" macht den beiden Sorgen. Eine nicht erklärbare Urangst vor dem unendlichen Meer bedrückt sie.

Gertrud meint: „Ich kann mir unser Quartier auf dem Segelschiff nicht ansehen. Der Hinweis auf die verschiedenen Deckklassen macht mich misstrauisch. Wie lange dauert eigentlich unsere Überfahrt nach Baltimore bei schlechten und bei günstigen Winden?"

Jacob erinnert sich an seine Verwandten, die in ihrem Brief von etwa drei Wochen geschrieben haben. Sie bestiegen allerdings ihr Schiff an einem Sommertag und hatten in dieser Jahreszeit günstige und nicht allzu stürmische Winde. Die Reise der „Johanne" erfolgt aber erst Anfang November. Mit Herbststürmen müssen sie rechnen.

Wie es dann auf einem Segelschiff unter Deck aussieht, wenn die Zwischendecks mit Männern, Frauen, Kindern und vereinzelt auch mit Säuglingen und ihrem Gepäck vollgestopft sind, kann er sich zur Not vorstellen. Die Luft ist zum Schneiden, auch der Lärm, der vom Sturm und den ängstlichen Menschen ausgeht, wird schwer erträglich sein. Beim Niedergang schwappt ab und zu Seewasser in die Quartiere, wenn die Luke zum Kajütendeck geöffnet werden muss.

Aber von diesen Vorstellungen sagt er den Frauen nichts. Solche Gedanken gehören nicht in die Runde. Sie erschweren nur die Entscheidung.

Letztlich ist man sich trotz aller Einwände einig. Sie wollen gemeinsam bei Jansen die Überfahrt von Bremerhaven nach Baltimore buchen. Schließlich ist die „Johanne" ein modernes Schiff, gerade erst in der Werft zur Jungfernfahrt fertig und ausgerüstet worden, und sicher ein Paradeschiff des Reeders.

Am nächsten Tag unterschreiben sie bei Jansen in seiner Gaststätte die Passage. Vier doppelstöckige Kojen 3. Klasse im Zwischendeck für die

Witwe Anna Elisabeth Friedrich und ihre beiden Söhne August Jacob und Carl Wilhelm, für Jacobs Frau Gertrud, die beiden Töchter Marie Elisabeth und Anna Elisabeth, für ihn und die beiden Söhne Friedrich und August. So steht es in der Passagierliste. Männer, Frauen mit und ohne Kinder, und die wenigen aber nicht kleinen Familien sollen an Bord sorgfältig untergebracht werden. Sie dürfen sich unter Deck nicht allzu sehr stören und die Moral muss auch erhalten bleiben.

Der Aufbruch

Die nächsten Monate und Tage bis zur Abreise nach Bremerhaven vergehen schnell. Es sind noch viele Fragen zu klären. So muss entschieden werden: Was nimmt man auf die große Reise mit? Jacob hat für die Seereise auf der Johanne einige Hinweise von Herrn Jansen erhalten, wie: warme Kleidung mitnehmen, die bei Nässe ausgetauscht werden kann, festes Schuhwerk, Bettzeug, vor allem Decken, Blechgeschirr und Bestecke, die bei Seegang auch einmal auf den Boden fallen können. Lebensmittel sind nicht nötig, denn der Smutje in der Kombüse wird für alle zu bestimmten Zeiten kochen. Doch wie das bei Krankheit, insbesondere bei der gefürchteten Seekrankheit werden soll, konnte Jansen nicht beantworten.

Mitzunehmen ist auch Kleidung für den bevorstehenden Winter an der Ostküste Nordamerikas. Jansen hat erzählt, wie bitterkalt und schneereich dort die Winter sein können. Auch noch ungeklärt bleibt, wie und wann Jacob mit seiner Familie in dieser Jahreszeit nach Wisconsin kommen kann. Dieser Staat liegt weit nordwestlich von Baltimore. Wie in Deutschland steckt auch in den amerikanischen Staaten der Bau eines ersten Eisenbahnnetzes noch in den Kinderschuhen.

Auch Handwerkszeug möchte Jacob mitnehmen, nicht gerade Spaten und Schaufel, wohl aber Hammer, Zange und Hobel, vielleicht auch eine Säge. Für die Hausfrauen gilt das gleiche. Nähmaschinen gibt es noch nicht und Spinnräder sind zu sperrig.

Wichtig, nicht im materiellen Sinn, sind auch Gegenstände der Erinnerung an die Familie im weitesten Sinn, wie z. B. die Familienbibel mit all den wertvollen Eintragungen über längst Vergangenes.

So kommt eine viel zu lange Liste zustande. Als die Erwachsenen sie immer wieder durchsehen, stellen sie fest: Sie haben die Kinder vergessen. Nicht hinsichtlich des Alltäglichen, wohl aber hinsichtlich ihrer Weiterbildung und ihrer Freizeitbeschäftigung. So wird die Liste u. a. durch Schreibzeug und Spiele ergänzt. Alle diese Gegenstände müssen geordnet und verpackt werden. So hat Jacob den Agenten Jansen von der Reederei verstanden. Ein Planwagen mit vorgespannt zwei Ackergäulen muss alles fassen.

Neben der Ordnung des Gepäcks gilt es, die Übergabe des Mobiliars zu regeln. Noch brauchen die beiden Familien es im alltäglichen Leben. Die

Arbeit auf dem Felde, im Garten und im Haus geht während der Zeit der Vorbereitungen weiter.

Oft sitzen Jacob und die beiden Schwestern abends nach der Arbeit zusammen und reden über die Zukunft. Ihre Kinder haben sie inzwischen in ihre Pläne eingeweiht. Für die Jungen ist die baldige Reise und der Start in Amerika ein Abenteuer. Bei den Mädchen ist das nicht so. Immer wieder kommen Zweifel hoch, ob man nicht in der Heimat auch sein Auskommen haben könnte. Aber nach allem Hin und Her sind sie sich dann wieder einig, dass sie und ihre Kinder in Oberkaufungen keine Zukunft haben, in der es langsam bergauf geht. So richten sie sich immer wieder gegenseitig auf. Ihr Schicksal ist ungewiss; aber zur Angst besteht kein Grund.

Der Tag des Aufbruchs naht. Es ist ein herbstlicher Morgen im Oktober, als das Fuhrwerk mit den beiden Ackergäulen beladen wird. Auf der Dorfstraße treffen sie nur wenige Leute. Von ihren Nachbarn, Verwandten und Freunden haben sie sich in den letzten Tagen verabschiedet. Abschiedsfeiern gab es nicht. Die Ansichten über die Entscheidung der beiden Familien zur Auswanderung werden nicht von allen geteilt. Über diesen Stunden des Abschieds liegen die Schatten der Wehmut.

Jacob hat die Reise nach Bremerhaven mühsam ausgetüftelt. Eisenbahn gibt es 1854 nur vereinzelt, wie z. B. zwischen Bremen und Hannover. Ein wirkliches Bahnnetz ist gerade erst im Aufbau. Mit der Postkutsche kann man zwar reisen, aber keinen Umzug machen. So kommt Jacob auf den Weserstrom, auf eine Flussreise.

Um 1776 schifften sich die hessen-casseler Truppen in Karlshafen an der Weser ein. Ihre Reise sollte bis nach Geestemünde gehen, um die dort auf Reede liegenden englischen Segelschiffe zu erreichen. Die Truppen waren von Landgraf Wilhelm den Engländern gegen Geld zur Verfügung gestellt worden, um die in Nordamerika um ihre Unabhängigkeit kämpfenden Bürger und Siedler militärisch zur Ordnung zu rufen. Das war in Erinnerung geblieben. Jacob gelang es, auf einem Lastkahn ab Hannoversch-Münden ausreichend Platz für die ganze Familie mit all ihrem Gepäck neben anderem Stückgut zu bekommen.

So ist an diesem Tag der Reise das Ziel Hannoversch-Münden mit seinem Hafen und der Anlegestelle für Lastkähne. Bei Landwehrhagen überschreiten sie mit dem schwer beladenen Planwagen die Landesgrenze zum Königreich Hannover. Ein hannoverscher Zöllner kontrolliert die Papiere von allen Mitreisenden. Der Vertreter des hessischen Zolls steht dabei. Ihn interessieren die hessischen Entlassungsurkunden von der Regierung in Kassel. Der hannoversche Zöllner dagegen studiert die Papiere der Reederei Ulrici aus Bremerhaven, die für die Überfahrt mit der Dreimastbark „Johanne" ausgestellt worden sind. Jacobs Fuhrmann bleibt unbehelligt. Ihn kennen die Zöllner schon lange.

Nach einigen Fragen der beiden Zöllner ist der Weg nach Hannoversch-Münden frei. Es ist Mittag geworden. Die Landstraße führt östlich des Flusstals der Fulda zur damals noch teilweise befestigten Stadt Hannoversch-Münden.

Seit 1247 hatte Hannoversch-Münden das Stapelrecht für den Schiffsverkehr. Das ist zwar seit 1823 nicht mehr wirksam, aber der Hafen hat nach wie vor Bedeutung für den Warenverkehr. Er liegt an der westlichen Stadtmauer an einem der Flussarme der Fulda. Diese hatten sich vor langer Zeit einige hundert Meter vor der Mündung der Werra in die Fulda gebildet. Dabei entstanden einige kleine idyllische Flussinseln. Die beiden vereinigten Flüsse verloren ihren Namen. Der große Strom heißt nunmehr Weser.

Hier im Hafen endet der erste Reisetag. Der Lastkahn liegt bereits fest vertäut am Kai unterhalb der Stadtmauer. In der Dämmerung der Nacht werden die Habseligkeiten der Auswanderer noch auf den Kahn gebracht, der Fuhrmann entlohnt und das erste Gespräch mit dem Schiffer und seinem Knecht geführt. Am nächsten Morgen, sobald sich die herbstlichen Flussnebel lichten, soll es losgehen. Jacob und die Seinen werden gegen sieben Uhr am Morgen im Hafen sein. Die Quartierfrage für die Nacht ist schnell gelöst. Es gibt in der Stadt genug Gasthäuser und Kneipen, in denen alle ein Dach über den Kopf, eine Lagerstatt, eine warme Stube und ein kräftiges Essen bekommen können.

Die Flussreise

Am nächsten Tag geht die Fahrt auf der Weser, wie geplant, los. Rund 300 km = 202 Landmeilen liegen vor dem Schiffer und seinen Passagieren. Langsam lichtet sich der Nebel über dem Fluss. Das Wesertal mit seinen herbstlich geschmückten Buchenwäldern, die sich an den Berghängen bis zu den Berghöhen hinziehen, liegt vor ihnen. Es gibt an den Ufern und auf dem Fluss viel zu sehen.

Der Fluss führt für die Jahreszeit reichlich Wasser, und so beschränkt sich die Arbeit des Schiffers auf das Kurshalten in Flussmitte und auf den Verkehr bei den wenigen Fährstellen von Ufer zu Ufer. Wo eine Kette über den Fluss gelegt ist, um die Fahrt der Fähre auf Kurs zu halten und um die Anlegestelle sicher zu erreichen, muss der Schiffer besonders aufmerksam sein und die Fahrt seines Kahnes notfalls mit den Rudern verringern und zugleich ein wenig quer zum Fluss steuern. Gegenverkehr, der flussaufwärts will, gibt es in dieser Jahreszeit kaum.

Ruhig zieht der Kahn flussabwärts. Zum Segeln ist der Fluss meistens zu schmal und Staken braucht der Knecht nicht. Am östlichen Ufer sind bald das romanische Kloster Bursfelde und später das Kloster Lippoldsberg zu sehen. Beide waren zur Zeit der Reformation säkularisiert worden, aber die großartigen Kirchen stehen noch, wie für Jahrhunderte gebaut. Nach einigen Stunden kommt Karlshafen am westlichen Ufer in einer Weserschleife in Sicht. Dieser Ort, an der Mündung der Diemel gelegen, ist eine Gründung des hessischen Landgrafen Carl (1670 bis 1720). Mitten in der Stadt wurde ein Hafen geplant und gebaut. Die späteren Landgrafen hielten an den weitsichtigen Plänen ihres Vorgängers fest. Karlshafen soll ein Landesportal werden und ein Warenumschlagplatz für die hessen-casseler Landgrafschaft.

Der Schiffer hält den Kahn nicht an. Die Herbsttage sind kurz. Gegen 17 Uhr ist bereits die Dämmerung eingetreten. Dann müssen Lampen als Positionslampen entzündet werden, die kein Fernlicht schenken. Die vorhandenen Öl- oder Kerzenflammen spenden nur wenig Licht.

Schließlich erreichen sie das befestigte Städtchen Höxter, eine Gründung aus einem fränkischen Königshof. Hier legen sie an einer Kaimauer an, um zu übernachten. Noch sind alle von der Flussreise begeistert. Der Fluss, das Tal und die Berghänge haben den Augen viel Abwechselung geboten. Jacob sucht für sich und die Seinen Quartier. Auf dem Lastkahn bleibt jede Nacht der Schiffer oder sein Knecht. So ist alles an Bord in guter Hand.

Am nächsten Tag wollen sie Hameln erreichen. Dann liegt das Wesergebirge hinter ihnen. Auch der nächste Tag bringt schönes Wetter. Der Kahn verlässt Höxter, das zum preußischen Westfalen gehört. Bei Bevern liegt die Landesgrenze zwischen dem Königreich Hannover und der preußischen Provinz Westfalen. Der Weserfluss bleibt bis nach Bremen fast nur noch auf hannoverschem Boden.

Am zweiten Flusstag haben die Jungen ihre Entdeckungsreisen an Bord beendet. Abwechslung bietet die Landschaft, die ihren hügeligen Charakter verliert. Der Strom wird breit. Bald wird das strömende Wasser den Kahn langsamer werden lassen, wenn der Schiffer nicht in Strommitte bleibt. Vielleicht wird man hier und da segeln können. Sonst muss man ab und zu rudern oder sogar staken. Die Jungen hoffen, dass sie dabei helfen können. Aber so einfach, wie sie sich das denken, ist das nicht. Bald fährt der Kahn an Bodenwerder und an Grohnde vorbei.

Am Ende des Tages erreichen sie Hameln. Es liegt am östlichen Ufer. Mit seinen Wällen und den vielen Häusern aus der Weserrenaissance ist es eine schöne, denkwürdige Stadt. Eine von 1836 bis 1839 errichtete moderne Kettenbrücke überspannt die Weser und ersetzte die um 1385 erbaute steinerne Brücke. Ein Teil der Befestigungsanlagen ist in den napoleonischen Jahren geschleift worden, um die Entwicklung der Stadt nicht weiter zu behindern. Sie haben militärisch auch nur noch wenig Bedeutung. Der Kahn fährt unter der ersten Weserbrücke durch. Nur wenige Brücken bis Bremen werden folgen.

Am dritten Reisetag führt die Fahrt nach Preußisch Minden. Hier durchstößt die Weser das Wiehengebirge. Diese Stelle erhielt den Namen „Porta Westfalica". Auch hier bei Minden ist eine steinerne Brücke über die Weser gebaut worden. Nachdem der Kahn angelegt und vertäut worden ist, macht Jacob den Vorschlag, gemeinsam in einer Kneipe zu Abend zu essen. Der Schiffer und sein Knecht wissen den Kahn in guter Verwahrung und so stimmen sie gerne zu. Die Männer bleiben an diesem Abend bis gegen Mitternacht zusammen. Sie haben sich viel zu erzählen. Auch die Jungen wären gerne dabei geblieben, aber die Mütter verbieten es, und so müssen sie wie die Mädchen bald ins Bett.

Am nächsten Tag bezieht sich der Himmel mit einer hohen und leichten Wolkendecke. Die Sonne hat sich erst einmal verabschiedet. Der Kahn zieht gemächlich durch die immer flacher werdende norddeutsche Tiefebene. Die Rehburger Berge grüßen am Ostufer von Ferne. Sie sind noch bewaldet. Von nun an breiten sich an beiden Ufern vorwiegend Wiesen aus. Die wenigen Ackerflächen sind bereits abgeerntet.

Am Uferrand gibt es Weiden und Pappeln und viele Wasservögel. Sie sitzen auf den Bäumen und halten mit ihren scharfen Augen Ausschau nach Fischen. Es sind überwiegend Kormorane. Ab und zu ist auch ein Reiher bewegungslos, wie zur Skulptur erstarrt, im flachen Ufer zu beobachten. Blitzschnell reagiert er, wenn sich im Wasser etwas blicken lässt. Meist ist er erfolgreich und hat dann einen kleinen Fisch im dolchartigen spitzen Schnabel. Auf den Wiesen grasen Kühe und halbjährige Kälber ruhig vor sich hin. Einige liegen wiederkäuend im Gras.

Der Fluss mäandert in der Ebene immer wieder. Er bildet Schleifen oder Nebenarme. Die Fahrrinne mit der größten Strömung und Wassertiefe ist für den Schiffer nicht einfach zu finden. Es gehört viel Erfahrung und Beobachtungsgabe dazu. Das Schiff bleibt auf Kurs und fährt sich auf der mehrtägigen Fahrt nicht einmal fest.

Am Abend nähern sie sich der ehemaligen von den welfischen Herzögen im 17. Jahrhundert errichteten und nunmehr geschleiften Festung Nien-

Abb. 3: Die Nordseite der ersten steinernen Brücke über die Weser bei Nienburg nach 1814.

burg. Eine steinerne Brücke von der Stadt zum unbebauten westlichen Ufer steht dort seit 1718. Sie ist aus Sandstein aus den Steinbrüchen der Porta Westfalica gebaut worden. Diese sind mit Lastkähnen nach Nienburg stromabwärts gebracht worden. Es ist die letzte feste Brücke vor Bremen.

Am nächsten Tag soll es bis auf die Höhe von Verden gehen. Auf dieser Strecke macht der Fluss viele Schleifen. Der Schiffer hofft, dass er das große Segel entfalten kann, um schneller vorwärts zu kommen. Es weht ein leichter Südwestwind. Mit viel Gegenverkehr hat er nicht zu rechnen. Die Flussstrecke, die vor ihm liegt, ist lang. Das Wetter hat sich verschlechtert. Es könnte ab und zu regnen. Die Frauen und die beiden Mädchen kauern sich unter einem Regenschutz am Heck des Schiffes. Eine für alle ausreichende Kajüte fehlt. Ernüchterung und beginnende Langeweile hat die Passagiere ergriffen. Jacob und die Jungen sitzen am Bug und machen sich als Ausguck etwas nützlich. Es wird ungemütlich auf dem Kahn. Eine abwechslungsarme Landschaft zieht an allen vorbei. Leicht plätschert das Wasser am Schiffsrumpf, und der Wind spielt mit dem aufgezogenen Segel.

Jacob macht sich Gedanken. Bis nach Bremen sind es noch etwa 50 Kilometer. Morgen müssen sie die Hansestadt erreichen. Bis dahin hat der Schiffer ihre Flussreise zugesagt. Hier will er Stückgut entladen und für die Heimfahrt flussaufwärts wieder anderes mitnehmen. Bis zum Außenhafen von Bremen, der 1827 vom bedeutenden Bremer Bürgermeister Johann Smidt in Geestemünde geplant, begonnen und in späteren Jahren vollendet wurde, sind es mit einem Schiff noch etwa einen Tag auf dem Wasser. Jacob könnte auch die Seinen auf einen Waggon der seit einiger Zeit im Bau befindlichen Eisenbahnlinie von Bremerhaven nach Bremen verfrachten. Doch wie teuer mag ein solcher Transport sein? Am schönsten wäre es, wenn sein Schiffer weiter nach Bremerhaven fahren würde.

Jacob lenkt das Gespräch mit dem Schiffer auf das Ende ihrer Reise. „Schade, dass ihre Fracht in Bremen erwartet wird und nicht in Bremerhaven", sagt Jacob. Der Schiffer reagiert sofort hellhörig. „Nein, Jacob, weiter als nach Bremen geht unsere Fahrt nicht. Ich erwarte dort Fracht für die Rückfahrt nach Hannoversch-Münden. Es wird die letzte Reise in diesem Jahr sein. Im übrigen kenne ich die Weser ab Bremen bis zur Mündung nicht ausreichend. Diese Fahrt enthält Risiken. Vielleicht muss sogar ein Lotse an Bord, und das wird teuer."

Jacob schweigt. Dann sagt er: „Wie sollen wir nach Bremerhaven kommen? Kannst du uns weiterhelfen?“

Der Schiffer hebt leicht die Schultern. Dann aber meint er: „Ich will versuchen, euch zu helfen. Am Abend in der Seemannskneipe trifft man manchen Schiffer. Die Kneipe ist eine Nachrichtenbörse besonderer Art.“

Der Herbsttag geht zu Ende. Das Tageslicht nimmt im Oktober schnell ab. Über dem Fluss liegt leichter Dunst. Das Schiff nähert sich Verden. Von der uralten Stadt und dem ehemaligen Bischofssitz mit seinem Dom ist nichts zu sehen. Das Städtchen liegt nicht an der Weser, sondern an einer alten Furt der Aller, einem Nebenfluss der wenige Kilometer nördlich in die Weser mündet. Verden ist nur über eine Fähre erreichbar, die etwa 1 Kilometer östlich der Weserfähre liegt. Der Kahn legt in der Nähe des Fährhauses an. Jacob steht vor der Wahl, nach Verden zu gehen oder im Fährhaus zu übernachten. Es hat für solche Fälle Notquartiere. Nach einem Blick in den Geldbeutel entscheidet er sich für das Bleiben.

Die Verhandlungen mit den Quartiersleuten sind schwierig. Jacobs hessische Mundart wird nur mühsam verstanden und er begreift das niederdeutsche Platt auch nicht. Der Schiffer vermittelt. Er kennt das vokalreiche Platt recht gut und kann es sogar fast fehlerfrei sprechen. Nach einem kräftigen Abendmahl legen sich alle auf ihre Strohsäcke. Bessere Betten gibt es nicht.

Am nächsten Tag, der das Ende der Flussfahrt in Bremen bringen soll, hat es aufgeklart. Es weht ein leichter Wind aus der für sie richtigen Richtung. So kommen sie unter Segel gut voran. Ab und zu sehen sie Wildgänse in ihrer Keilform über sich am Himmel. Auch einige verspätete Kranichzüge sind dort zu entdecken. Ihr Geschrei hat aller Blicke suchend nach oben gerichtet. Lange brauchen sie, bis sie die Vögel entdeckt haben. Sie fliegen in großen Formationen sehr hoch. Ihre Richtung ist Südwest. Ein langer Weiterflug zu ihren Winterquartieren im Süden Spaniens liegt vor ihnen.

Die vorbeiziehende Landschaft ist flach. Nur noch wenig Vieh steht auf den Weiden. Der immer breiter werdende Fluss schlängelt sich in großen Schleifen durch das Tiefland. Nur wenige Nebenarme hat er gebildet. Durch die Aller führt die Weser viel Wasser. Der Schiffer kennt den Kurs und gerät nicht auf Untiefen oder in einen totlaufenden Nebenarm.

Am Abend erreichen sie den Stadtrand von Bremen und sehen die ersten außerhalb der weitgehend geschleiften Befestigungsanlagen neu entstandenen Wohnviertel.

Die alte jetzt wieder selbstständige Hansestadt erlebt in der ersten Hälfte des 19. Jahrhunderts einen Wirtschaftsaufschwung, der im Ausbau des Hafens und der Gründung Bremerhavens (1827) als Außenhafen deutlich sichtbar wird.

Der Kahn aus Hannoversch-Münden fährt unter der neuen um 1842 gebauten Brücke über die Große Weser durch und macht in einem der Hafenbecken an der Kaimauer fest. Es ist hohe Zeit, denn es ist dunkel geworden und der Kai ist nur spärlich beleuchtet. Zum Ausladen ist es zu spät. Der Schiffer und sein Knecht suchen ihr vertrautes Quartier auf. Sie helfen aber auch Jacob bei der Quartiersuche für sich und die ihm Anvertrauten.

Am nächsten Tag ist das Wetter wieder trübe, aber es regnet noch nicht. Bis zum voraussichtlichen Ablegen der Dreimastbark „Johanne" in Bremerhaven ist es noch eine Woche. So macht sich Jacob auf die Suche nach einer Transportmöglichkeit mit einem Flusskahn nach Bremerhaven, der zwischen beiden Städten unterwegs ist. Etwa 35 Flusskilometer trennen die beiden Städte voneinander. Bei der Suche hilft der Schiffer. Er hat unter den Schauerleuten viele gute Leute, die er ansprechen kann.

Am Abend des Tages kann er Jacob mit einem der Weserschiffer bekannt machen, der die Route nach Bremerhaven befährt. Sie werden bald handelseinig. Am kommenden Tag soll das Gepäck der Auswanderer aus Oberkaufungen an Bord des neuen Schiffes und am Morgen darauf läuft das Schiff nach Bremerhaven aus. Alles verläuft glatt. Man nimmt vom alten Kahn, von seinem Eigner und von seinem Knecht Abschied. Die zurückliegende Flussreise hat sie alle miteinander vertraut gemacht. Jacob und die vier Jungen haben geholfen, wo sie nur konnten, und die Frauen haben mit der kleinen bescheidenen Feuerstelle an Bord immer heiße Getränke bereit gestellt, denn am Morgen und gegen Abend wird es um diese Jahreszeit auf dem Wasser schon recht kühl.

Die Weser ist zwischen den beiden Hafenstädten schon ziemlich breit. Brücken wie in Bremen über die Wasserarme der Weser gibt es nicht mehr. An den Ufern sind Deiche zu sehen. Dahinter liegen die Wiesen, die über Siele entwässert oder bei Hochwasser geflutet werden. Zur Zeit sind die Sieltore geöffnet und das Niederschlagswasser fließt zur Weser ab. Der Schiffsverkehr ist rege. Auch manchem Großsegler begegnen sie. Einmal treffen sie auf ein Dampfschiff, das von einer Schiffsschraube angetrieben wird, mit dem man aber auch auf alte Weise segeln kann. 1854 sind solche Schiffe noch selten zu sehen und deshalb eine Sensation.

Das Schiff mit Jacob und seiner Familie an Bord segelt vorbei an Elsfleth und Brake, die mit ihren Schiffswerften an Backbordseite auftauchen. Dann sieht man auf einer Warft das Dorf Blexen mit seiner bereits im 11. Jahrhundert begonnenen Pfarrkirche liegen. Sie ist für die Kapitäne zur Landmarke geworden.

Die Wesermündung ist erreicht. Das Geschrei zahlreicher alter und junger Silbermöwen, gut erkennbar an ihrem Federkleid, ist für die Auswanderer eine neue Begleitmusik. So zahlreich haben sie diese Boten des Meeres noch nicht gesehen. In Schwärmen folgen sie den in Bremerhaven ein- und auslaufenden Schiffen. Bremerhaven mit seinem neuen für Hochseeschiffe geeigneten Hafen ist in den zurückliegende Jahren zu einer stark wachsenden Stadt geworden. An ihren Vorläufer Geestemünde erinnert nicht mehr viel. Bereits 1851 erhält sie Stadtrechte, bleibt aber der Hansestadt Bremen eng verbunden, zu der sie hoheitlich auch gehört. Hier beginnt die erste Dampferlinie zwischen dem europäischen Festland und Nordamerika. Sie wird bereits im gleichen Jahr der Heimathafen des „Norddeutschen Lloyds".

Im neuen Hafen können auch größere Schiffe an den Kais anlegen. Er liegt offen zur See und ist von der Tide abhängig. Die Nordsee ist nicht weit. Auf der Reede, im Hafen und auf den Kais herrscht trotz Abenddämmerung reges Leben. Der Schiffer legt an einem der Kais an. Jacob und seine Familie haben ihr erstes Ziel erreicht. Von der Dreimastbark „Johanne" ist noch nichts zu sehen. Nicht weit vom Kai liegt das Auswandererhaus, in dem bereits viele Auswanderer mit ihrem Gepäck warten.

Jacob schleust seine Frau und die Schwägerin mit ihren Kindern in das Auswandererhaus. Dort können sie übernachten, sich versorgen lassen und alle Formalitäten erfüllen, die von ihnen gefordert werden. Hier erfahren sie auch ihre Kojennummer. Vier Kojen mit je zwei festen Betten werden ihnen in der 3. Klasse im Zwischendeck zugesagt. Im Haus herrscht eine drangvolle Enge. Männer, Frauen und Kinder sitzen oder liegen, meist erschöpft von der bisherigen Reise, auf ihren einfachen Matratzen. Ihr Gepäck, soweit sie es nicht unter Segeltuch auf dem Kai zurückgelassen haben, steht überall herum.

Die Stunden der Nacht scheinen nicht enden zu wollen. Ein ständiges Laufen, die leisen Gespräche oder gelegentliches Husten stören die Nachtruhe. Zum Glück rauchen nur wenige Männer ihr Pfeifchen. Die Luft ist voll von Gerüchen aller Art.

Am nächsten Tag läuft die „Johanne", das neue Segelschiff, in den Hafen ein und macht am Auswandererkai fest. Jacob schaut auf die Menschenmenge, die sich am Kai versammelt hat. „Wieviele werden die Reise nach Baltimore mitmachen? Er befürchtet, dass es die meisten sind.

Noch darf keiner auf das Segelschiff. Jacob und die beiden Schwestern haben es sich viel größer vorgestellt. Es ist von Bug zum Heck nur 30 m lang. Die Breite des Kajütdecks schätzen sie auf etwa 8 Meter. Die drei Masten, zwei Großmasten und am Heck noch der Besanmast, haben eine geschätzte Höhe über Deck von 18 Meter, eine für Binnenländer schwindelerregende Höhe. „Wie sollen in dieser Höhe Matrosen die Segel bedienen?", fragen sich die Landratten.

Während an Deck nur die Kajüten für den Kapitän und den Steuermann zu sehen sind, zeigt der Schiffsrumpf untereinander zwei Reihen von Bullaugen. Es sind nicht viele. Unter Deck muss es dämmerig oder sogar dunkel sein. Geschütztes Kerzenlicht oder das aus Öllampen bringen etwas Helligkeit in die Decks. Sie erhöhen aber auch die Brandgefahr. Ein wenig sorgenvoll blicken die beiden Schwestern zum Dreimaster: „Dieses Schiff soll in drei Wochen 216 Passagiere und die Mannschaft über den Atlantik bringen?"

Einen Tag später, am 28. Oktober 1854, dürfen endlich die Erwachsenen auf die „Johanne". In die lange Reihe der Passagiere, die über die Gangway an Bord gehen, reihen sich auch Jacob und die beiden Frauen ein. Die vielen Kinder unter 10 Jahren und die Säuglinge (37 bzw. 13 an der Zahl), so die Passagierliste, bleiben, unter Obhut von älteren Geschwistern oder von Erwachsenen, auf dem Kai wartend und beobachtend stehen. Die Säuglinge gehören bis auf drei zu Großfamilien. Aber auch alleinstehende Frauen mit einem Säugling auf dem Arm oder mit weiteren Kindern an der Seite stehen an Land. Sie dürften ihren bereits ausgewanderten Männern nach Nordamerika folgen, nachdem der Ernährer sich dort eine Existenz aufgebaut hat. Hier treffen Jacob und die beiden Schwestern auch die junge, unverheiratete Friederike Engel aus Oberkaufungen. Die Überraschung ist groß. Gertrud vereinbart gleich ein Unterhaltungsstündchen und nennt dazu ihre Koje.

Das Gedränge im Zwischendeck der 3. Klasse, das die Auswanderer über zwei Niedergänge erreichen, ist beängstigend. Jeder sucht seine Koje, die mit einer Nummer versehen ist. Unter Deck gibt es keine Trennwände. Die hölzernen, doppelstöckigen Betten reihen sich hintereinander an Backbord- und Steuerbordseite. Das also sind die Kojen, die sie für drei Wochen aufnehmen werden. Jacob und die beiden Frauen erhalten vier Hochbetten zugewiesen. In einem Bett werden also zeitweilig zwei Personen schlafen müssen.

Die Betten lassen mittschiffs einen Gang entstehen. Er ist so breit, dass Tische und Bänke aufgestellt werden können. Jetzt hängen diese an der Decke des Zwischendecks. Zur Essenszeit, dem seemännischen „Backen und Banken", oder in der unendlich langen Freizeit werden sie herunter geholt und versperren den Gang zwischen den Kojen. Spinde oder verschließbare Schapps sind nur sehr vereinzelt zwischen den Betten zu sehen. Die Frauen schauen sich nach den Toiletten und Waschgelegenheiten um.

Abb. 4: Im Zwischendeck eines Segelschiffes.

Es gibt dafür primitive Einrichtungen, aber sie sind noch primitiver als die daheim. In der vorherrschenden Enge fehlt vor allem etwas Platz. Für Süßwasser stehen einige Fässer, gesichert gegen Seegang, herum. Mit kleinen Handpumpen holt man sich das Wasser aus den Fässern. Sicher wird das wertvolle Nass mit der Zeit brackig und beginnt zu riechen.

Die Küche – die Kombüse – ist eine Gemeinschaftsküche für alle an Bord. In ihr regieren ein Smutje und seine Helfer. Der Speiseplan ist in der ersten Woche der Schiffsreise noch nicht so dürftig wie später. Dann wird das Essen eintönig und ungesund und besteht aus Zwieback, Hülsenfrüchten, Getreidebrei und Speck, alles Lebensmittel, die sich einige Zeit halten.

Dazu gibt es vielleicht heißen Tee, in Einzelfällen mit Kluntjes, so wie es die Ostfriesen mögen. Bei Seegang und Sturm dürfte es unter Deck bald die Hölle sein. An die nötige Hygiene ist dann nicht mehr zu denken. Für eine medizinische Versorgung gibt es an Bord so gut wie nichts. Ansteckende Krankheiten, wie der gefürchtete Typhus, müssen sich unter diesen Verhältnissen in Windeseile ausbreiten.

Nach dieser Besichtigung gehen alle wieder von Bord. Die Enttäuschung steht auf ihren Gesichtern geschrieben. Mit solch einfachen Verhältnissen hatten sie nicht gerechnet. Daheim in Oberkaufungen lebten sie schon sehr bescheiden, aber lange nicht so wie im Zwischendeck der „Johanne"– eine schöne Aussicht!

Die meisten Passagiere gehen von Bord, um ihr Gepäck zu holen und um es im Zwischendeck oder in den Laderäumen zu verstauen. Am nächsten Tage dürfen nun alle Passagiere auf das Schiff. Sie kommen aus ganz Deutschland, wie z.B. aus Süddeutschland, aus Hessen und aus dem Königreich Hannover. Von den 216 Passagieren sind viele alleinstehend und noch im rüstigen Alter – 55 Männer und 22 Frauen. Aber auch fünf junge, kinderlose Ehepaare und 16 Familien mit Kindern unterschiedlichen Alters stehen auf der Passagierliste. Auch Jacob mit den Seinen gehört dazu. Leider gibt die Liste keine Auskunft über Berufe und den Zielort in den Staaten. Alle, ob Jung oder Alt, suchen eine Zukunft in der neuen Welt. Die Hoffnungen und Erwartungen sind groß.

Unter Deck herrscht zunächst ein großes Durcheinander. Viele Kinder sind dabei, die ängstlich schreien oder rufen, ihre Eltern vermissen oder ihr Quartiere meinen verteidigen zu müssen. Schließlich finden alle ihren Platz und das Gepäck ist verstaut oder greifbar in der Nähe der Kojen aufbewahrt.

Um eine gewisse Ordnung während der Überfahrt zu sichern, hat der Kapitän knappe Regeln schriftlich aufgestellt. Diese werden verteilt und von einem Bootsmann kurz erklärt. Zu ihnen gehören die Essenszeiten, die Zeiten für das Reinemachen – Kommando: „Rein Schiff!" – und vor allem für die täglichen aber nur einmaligen Ausflüge an Deck, um frische Luft zu atmen und um sich die Beine zu vertreten. Dieser Ausflug ist zeitlich begrenzt und nur bei Tageslicht möglich. Bei schlechtem Wetter und besonders bei Sturm ist das Oberdeck nur den Seeleuten vorbehalten. Der Kapitän entscheidet darüber. Dann bleibt das Oberdeck für Passagiere gesperrt.

Bis zum 31. Oktober wird Proviant und Ballast aufgenommen. Letzterer ist in der Regel keine Fracht, sondern es ist eine Sandlast. Sie dient zur Erhaltung des Gleichgewichts und des Schwerpunktes des Schiffes und wird im unteren Laderaum verstaut.

Noch einmal wird von der Mannschaft nach Seemannsbrauch das Schiff überprüft, besonders die Pumpen, und nachdem alles in Ordnung und dicht ist, verlässt die „Johanne" bei auflaufendem Wasser und leichter Dünung mit einem Lotsen an Bord den sicheren Hafen. Es ist die Nacht vom 1. zum 2. November 1854.

Die „Johanne" ankert auf der Reede. Hier dürfen die Passagiere bei Sonnenaufgang noch einmal an Oberdeck. Sie stehen an der Reling oder in Gruppen beieinander und schauen zum Festland, das im nebligen Dunst liegt. In dieser Richtung dürfte die Heimat sein, von der sie nun Abschied nehmen. Manch einer, besonders den Frauen mit Kindern an ihrer Seite oder dem Säugling auf dem Arm, bedrückt die ungewisse Zukunft. Ein neuer Lebensabschnitt beginnt. Die Überfahrt der „Johanne" nach Nordamerika ist der Anfang. Jacob legt den Arm um seine Frau und sagt leise zu ihr: „Es wird schon werden gut. Der Herrgott ist mit uns. Wir werden es schaffen. Fass' Mut!" Gertrud lächelt ein wenig, schaut zu ihm auf und drückt sich fest an ihn.

Sturm über der Nordsee

Kapitän Oldejans lässt am 2. November gegen acht Uhr morgens die Anker lichten und Segel setzen. Langsam nimmt die „Johanne" bei leichten östlichen Winden Fahrt auf. Am Horizont ist die Küste bei Bremerhaven nur noch schwach zu sehen. Jetzt ist es Zeit, die Passagiere unter Deck zu schicken. Bootsmann Wiebrok aus Brake ist in seinem Element. Zuerst kommen die Eltern mit ihren Kindern, später die vielen alleinstehenden Männer und Frauen.

Alle sind sie in rüstigem Alter. Meist haben sie handwerkliche Berufe oder sind Land- oder Forstarbeiter gewesen. Die jungen Frauen sind z. B. Näherinnen oder bisher in der Landwirtschaft und im Haushalt beschäftigt gewesen. Ein wenig Geschick gehört dazu, die beiden Niedergänge hinabzuklettern. Im Zwischendeck von Jacob und seiner Familie herrscht Enge. Eine fröhliche Stimmung will nicht aufkommen. Es liegt Abschiedsschmerz im Raum.

Einige Kinder spielen. Ihre Stimmen und das gedämpfte Schreien oder Gewimmer der Säuglinge sind zu hören. Auch die Erwachsenen unterhalten sich nur leise miteinander. Mit zunehmender Fahrt klatscht immer lauter das Wasser gegen die Schiffswände. Hinter den Bullaugen sieht man die Wellen. Sie sehen so harmlos aus und verursachen heute nur ein leises Plätschern an den Schiffsplanken.

Die Namen der Familien werden zuerst zum Essenfassen ausgerufen. Nachher kommen alle anderen Passagiere. Die Mahlzeit ist reichlich. Sie enthält auch Kartoffeln und Gemüse. Das wird mit der Dauer der Seereise sicher nicht so bleiben.

Gegen zwei Uhr nachmittags ist an Steuerbordseite im Osten der Küstenort Wremen auszumachen. Er ist eine Wurtensiedlung mit einer im 12. Jahrhundert erbauten Pfarrkirche. Der Ort liegt hinter dem vorgelagerten Deich. Die Kirche, einige Hausdächer und manche Baumspitzen sind zu sehen. Bis nach Bremerhaven sind es etwa 15 Kilometer, mehr noch nicht. Um vier Uhr nachmittags erreicht die „Johanne" die Bremer Bake, ein festes Schifffahrtszeichen in der Fahrrinne. Der Wind hat auf Südwest gedreht.

Mit den Oberdeckausflügen ist mit Erlaubnis des Kapitäns begonnen worden. Sie dauern für jede Gruppe nur zwanzig Minuten, sonst kann bis zur eintretenden Dämmerung nur ein Teil der Passagiere die frische Luft an Oberdeck genießen.

Um acht Uhr abends erreicht die „Johanne" die erste Wesertonne, mit der die Fahrrinne nach Bremerhaven und der Beginn der Wesermündung für die ein- und auslaufenden Schiffe ausgewiesen wird. Hier geht der Lotse von Bord und steigt auf sein kleines Ruder- und Segelboot über, das die „Johanne" bisher mit sich gezogen hat.

Bis Mitternacht hält sich der Wind gut und Steuermann Schnelle aus Bremen liegt auf Kurs.

Abb. 5: Auswanderer im Zwischendeck.

Unter Deck ist Schlafenszeit. Nur spärliches Licht erhellt die Gänge zwischen den Kojen, in denen die Passagiere ruhen. In manchen liegen zwei Personen unbequem nebeneinander. Die Kinder sind ruhig. Sie schlummern tief, von den Wellen leicht gewiegt. Die Erwachsenen schlafen unruhig. Die Enge bedrückt sie. Die Luft steht im Zwischendeck. Sie wirkt verbraucht, obwohl die Luken zu den Niedergängen geöffnet sind. Noch besteht keine Gefahr, dass sie von Seewasser überflutet werden.

Bis Mitternacht kann der Steuermann bei gutem Wind seinen Kurs halten, der zunächst Nordost in Richtung des späteren Leuchtturms „Roter Sand" verläuft. Dann knickt er aber nach Westen ab und liegt etwa parallel der ostfriesischen Inseln. Diese Inseln, angefangen mit Wangerooge, liegen damit an Backbordseite. Die ferne in etwa 50 Kilometer Entfernung an Steuerbordseite liegende Insel Helgoland ist nicht zu sehen. Sie ist eine unübersehbare Landmarke mit ihren roten Felsen.

Nach Mitternacht nimmt der westliche Wind stark zu. Kapitän Oldejans entschließt sich, die leichten Segel am Bug und am Heck festmachen zu lassen und an den Marssegeln am Groß- und am fast gleich langen Fockmast zwei Reffs zu nehmen, um die Segelfläche zu verkleinern. Der Sturm wird immer stärker. Ein Sturmtief über der Nordsee etwas nördlich der Doggerbank ist die Ursache. Seine gegen den Uhrzeigersinn laufenden Nordwestwinde machen der „Johanne" schwer zu schaffen. Sie ist trotz der Segelkunst von Kapitän und Steuermann kaum auf Westkurs zu halten.

Abb. 6: Kapitän Oldejans.

Es ist Freitag, der 3. November. Die Mannschaft hat inzwischen die Marssegel noch dichter gesetzt und die Reffs in die Untersegel genommen. Gegen sechs Uhr morgens hält der Kapitän bei starkem Nordwest-Wind Kurs in Richtung Land. Er muss kreuzen, um vorwärts zu kommen. Die „Johanne" nimmt bei diesem Kurs und dem hohen Wellengang viele Sturzseen über. Sie krängt stark. Das Oberdeck liegt an Backbordseite fast im Wasser. Die wenigen Matrosen an Oberdeck sind dauernd mit der Takelage beschäftigt oder müssen in die Wanten, um die Segel, den Anordnungen des Kapitäns entsprechend, einzuholen oder zu reffen. Bei Sturm, Wellengang und Sturzseen gehören sie angeseilt zu sein. Doch das war damals noch nicht Seemannsart, ebenso wenig wie der Gebrauch von Rettungswesten aus Kork oder eine für alle ausreichende Zahl von Rettungsbooten.

Bei den Passagieren unter Deck ist nur wenigen die Situation an Oberdeck klar. Die Luken der Niedergänge sind fest verschlossen, um das Eindringen von Seewasser zu verhindern. Alle leiden unter der Seekrankheit. In den Kojen ist die Schieflage des Schiffes deutlich zu spüren. Beim Gebrauch von Hängematten wäre das weniger der Fall. Doch die gibt es für die Passagiere nicht an Bord. Die Beleuchtung unter Deck spendet nur wenig Licht. Eine ausreichende Versorgung mit warmen Mahlzeiten ist dem Smutje bei der großen Zahl von Menschen zur Zeit nicht möglich. Er tut in der Kombüse sein Möglichstes.

Die sanitären Einrichtungen sind inzwischen verdreckt und verstopft. Das Wasserfass wird zwar immer wieder nachgefüllt. Es ist auch dicht. Aber das Füllen eines Trinkgefäßes ist schwierig. Alle hoffen, dass der Sturm sich bald legt.

Um neun Uhr morgens halst die „Johanne" nordwärts. Kapitän Oldejans versucht die Nähe zu den ostfriesischen Inseln mit ihren vorgelagerten Sandbänken und Untiefen zu meiden. Wegen des weiter zunehmenden Sturms lässt er die Großsegel an den beiden Großmasten und die Besansegel am Heck des Schiffes festmachen.

Nachmittags zeigt die Breiten- und genaue Zeitbeobachtung, gemessen mit dem Chronometer, dass sich die „Johanne" auf der Höhe der Insel Norderney befindet. Bei dem herrschenden Nordweststurm haben sie vor lauter Kreuzen keine großen Fortschritte in ihrem Kurs nach Westen gemacht. Nachmittags ab zwei Uhr wenden sie das Schiff wieder in Richtung Land und abends gegen sechs Uhr wieder nordwärts. Die Dreimastbark kann ihren Kurs nicht halten, ihr Kapitän muss weiter kreuzen, um Seemeilen zu gewinnen.

Inzwischen nimmt die „Johanne" Wasser auf. Ein Matrose muss fortwährend lenzen, um das eindringende Wasser niedrig zu halten. Der Sturm hält auch während der Nacht vom 3. zum 4. November unvermindert an. Vorsichtshalber lässt Kapitän Oldejans immer wieder loten, um die Wassertiefe zu bestimmen und um nicht aufzulaufen. Die Sichtverhältnisse sind schlecht. Sturzseen ergießen sich über das Schiff.

Am Sonnabend, den 4. November, wird das Wetter etwas besser. Der Wind hat auf Südwest gedreht. Kapitän Oldejans lässt alle Segel wieder setzen. So nimmt die „Johanne" Fahrt auf. Die Luken zu den Niedergängen werden geöffnet und frische Luft kommt in die Quartiere. Die Passagiere atmen auf. Jacob und die Schwestern machen etwas Ordnung in ihren Kojen. „Rein Schiff!" müssten alle dringend machen. Einige Passagiere beginnen damit. Der Smutje lässt eine warme Mahlzeit verteilen. Die Seekrankheit unter den Passagieren nimmt ab. Als der Kapitän die Erlaubnis zum Betreten des Oberdecks für eine kleine Gruppe Passagiere erteilt, kommt es im Zwischendeck zu lautstarken Auseinandersetzungen, die erst abebben, als der Bootsmann streng nach Passagierliste aufruft.

Auf einmal schreit der Ausguck am Bug, dass er am Horizont die Insel Langeoog und Segelschiffe auf Kurs zur Wesermündung ausmachen kann. Für sie ist der herrschende Südwestwind ein Geschenk. Dem Steuermann wird klar, dass die „Johanne" um etwa 16 Kilometer (ca. 11 Seemeilen) gegenüber dem Vortage nach Osten zurückgefallen ist. Mittags nimmt der Wind wieder zu. Die Passagiere sind vorsichtshalber unter Deck.

Das Bramsegel am Großmast – das vierte Segel von unten bei einem rahgetakelten Mast – muss festgemacht werden. Der Matrose Jürgen Hansen will das erledigen und klettert auf die Rah. Beim Festmachen des Segels stürzt er herab und in die aufgewühlte See. Eine Schwimmweste aus Kork, wie sie später vorgeschrieben ist, trägt Hansen nicht. Bei dem hohen Wellengang verliert der Steuermann ihn sehr schnell aus den Augen. Ein Wendemanöver mit dem Schiff ist nicht möglich. Mit Rettungsbooten sind die Schiffe noch nicht ausgerüstet.

Nur zwei kleine Beiboote liegen festgemacht an Oberdeck. Bei dem tobenden Sturm können sie nicht ausgesetzt werden, ohne dass Menschenleben und ein Boot in große Gefahr kommen. Schnell verliert der Steuermann den Sichtkontakt zu Hansen. Seine Bergung ist nicht möglich. Bei der herbstlichen Wassertemperatur wird sich Hansen nicht lange über Wasser halten können. So ereilt ihn der schnelle Seemannstod.

Um zwei Uhr nachmittags peilt der Bootsmann auf acht Seemeilen Distanz 12 km – Helgoland Ost. Oldejans gibt den Befehl, südlichen Kurs zu steuern. Wieder ist dazu ein Wendemanöver nötig.

Inzwischen nimmt der Sturm an Heftigkeit zu, so dass zwei Reffs in die Untersegel der beiden Großmasten genommen werden müssen. Die Segelfläche verkleinert sich damit.

Im Zwischendeck stellen sich die Passagiere auf eine böse Nacht ein. Es ist die dritte Nacht in Folge. An Schlafen ist nicht zu denken. In den Kojen liegen die Seekranken und stöhnen leise vor sich hin. Im Gang, der nur dürftig beleuchtet ist, herrscht eine ständige Unruhe. Passagiere tasten sich von Koje zu Koje in der großen Sorge, ihr Ziel nicht mehr zu erreichen. Der Durst ist größer als der Hunger, der sich noch in Grenzen hält. Am meisten leiden die Kinder, die wimmernd in den Armen ihrer Mütter liegen. Die Sehnsucht, an Oberdeck zu steigen, und frische Luft zu atmen, ist groß. Aber die Luken sind dicht. Das Deck ist wegen des schweren Seegangs und der Gefahr über Bord zu gehen für Passagiere gesperrt.

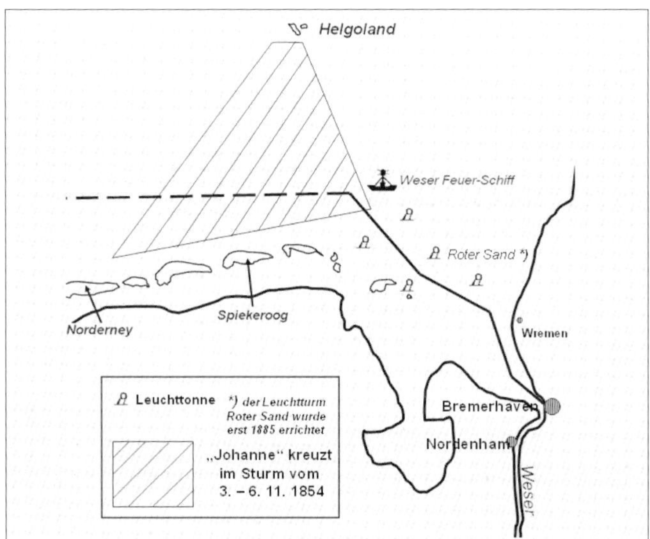

Abb. 7: Seegebiet in dem die Dreimastbark „Johanne" vom 3.11. bis 6.11.1854 kreuzte.

Am Sonntag, den 5. November, ist der Seegang auch aus der Sicht des Kapitäns furchtbar. Um nicht wieder in die Nähe der Inseln zu kommen, muss er soviel Segel führen wie möglich. Er lässt ständig loten, um rechtzeitig zu wissen, ob noch genügend Wasser unter dem Kiel ist. Die Matrosen lenzen dauernd, um das Wasser im Schiffsrumpf niedrig zu halten. Sie lösen sich im Viertelstundenrhythmus ab. Der Wasserzufluss im Schiffskörper muss zudem von Undichtigkeiten herrühren.

So vergeht auch dieser Tag. Die Situation an Bord, besonders im Zwischendeck, ist angespannt. Der Kapitän und seine Mannschaft sind nun seit Tagen auf ihrem Posten. Ihre Kräfte sind an ihre Grenzen gekommen. Von Sonntag ist nicht viel an Bord zu spüren. Für ein gemeinsames Kirchenlied oder gar ein Gebet sind die Passagiere zu schwach oder zu lethargisch.

Auch am Montag, dem 6. November, hält der Sturm an. Kapitän Oldejans glaubt, an der Farbe des Wassers zu erkennen, dass das Land nicht mehr weit ist. Es drohen Sandbänke und Untiefen. Im Sturm fliegt das Stagsegel am Bug fort. Dieser Verlust wiegt schwer. So lässt Oldejans den kleinen Klüver setzen und die Untersegel beim Vor- und beim Großmast einziehen. Für die Matrosen ist das bei Sturm eine gefährliche Arbeit. Noch lässt sich die „Johanne" steuern. Am Ruderrad steht der erfahrene Steuermann Schnelle.

Hagel- und Regenschauer peitschen die brausende See und das Schiff. Gegen zehn Uhr lässt der Kapitän vorsorglich wieder loten. Das Lot zeigt 12 Faden Tiefe an (= 22 m Wassertiefe). Das ist bei ruhigem Wasser noch viel. Aber das Schiff nähert sich wegen einer starken Strömung schnell dem Lande. Wendemanöver gelingen dem Steuermann nicht mehr. Drei Sturzseen überfluten, reißen und zerren am Schiff. Kurz danach stößt die „Johanne" auf. Sie hat Grundberührung. Dabei verliert sie den Loskiel. Das ist ein gewachsenes Holz, das durchgehend den Kiel eines Segelschiffes bei Grundberührung schützt.

Nachdem das Schiff über die den Inseln vorgelagerten Sandbänke hinweg ist, wird die See etwas ruhiger. Aber nun ist ein Segelmanöver nicht mehr möglich. Rasend schnell kommen weitere Sandbänke und der Sandstrand der Insel Spiekeroog auf das bereits beschädigte Schiff zu. An eine Ausschiffung der Passagiere und der Mannschaft ist nicht zu denken. Auch auf hoher See hätten dafür die beiden Ruderboote nicht ausgereicht. Kapitän Oldejans sieht nur noch die Möglichkeit, die Fahrt des Schiffes zu verringern und es vor dem Winde auf den Strand zu setzen. Vielleicht lässt sich so das Leben der Passagiere und der Mannschaft retten und das Schiff bergen.

Aber schon nach fünf Minuten fährt die „Johanne" bei Sturm, hohem Wellengang und furchtbarer Brandung gegen 10.20 Uhr in Strandnähe auf Grund. Es ist etwa drei Stunden vor Hochwasser. Das Wasser steht an diesem Tage durch Sturm und auflaufende Flut besonders hoch. Steuermann Schnelle setzt die „Johanne" spitzwinklig zur Küstenlinie im flacher werdenden Wasser auf. Das Schiff legt sich auf die Seite. Da hilft auch kein Einholen der Segel mehr. Die Fahrt ist zu Ende. Die „Johanne" sitzt auf und hat eine extreme Schieflage gegen die See. Auf der hohen Steuerbordseite versuchen sich die Schiffbrüchigen festzuhalten.

Schiffbruch vor Spiekeroog

Für eine kurze Zeit ist nur der Sturm und das Tosen des aufgewühlten Meeres zu hören. Die Passagiere unter Deck, auch Jacob und seine Familie, spüren, dass sich etwas verändert hat. Das Rauschen und Schlagen des Meeres, wie es bei voller Fahrt eines Segelschiffes wahrzunehmen ist, fehlt. Plötzlich hören sie, dass die Luken der Niedergänge geöffnet werden. Gleichzeitig stürzt Seewasser hinab. Nun vernehmen sie trotz des Sturmes das energische Schreien von Matrosen. Sie können deutlich verstehen: „Alle Mann an Deck!" Kurz danach folgt: „Ruhe bewahren! Nur einer nach dem anderen!" Einige Passagiere unter Deck versuchen, an den Niedergängen eine gewisse Ordnung zu schaffen. Doch die Menschenmenge drängt und drückt zu den Notausgängen, die die Niedergänge nun geworden sind. Auf dem Kajütdeck stehen an den Luken Matrosen, um besonders Müttern mit Kindern zu helfen. Unter Deck, das schwere Schieflage nach Backbord hat, herrscht Aufregung. Das Chaos beginnt. Die verzweifelte Lage des Schiffes ist nicht mehr zu verheimlichen. Sie erfasst nun in aller Konsequenz vor allem die Mütter, die sich um ihre Kinder sorgen.

Inzwischen schlagen auf Oberdeck die Sturzseen, die sich über dem Schiff mit aller Kraft ergießen, immer mehr entzwei. Kapitän Oldejans möchte die Schieflage seines Schiffes korrigieren. So gibt er dem Schiffszimmermann H. Ulrich aus Brake den Befehl, die Masten zu kappen, damit die „Johanne" leichter wird und womöglich sich wieder aufrichtet.

Doch als der Großmast gekappt wird, fällt er nicht über Bord sondern auf eine der beiden Kajüten und zertrümmert sie. Hierbei gibt es unter den Passagieren, die inzwischen die Kajüten erreicht haben, Schwer- und Leichtverletzte. An erste Hilfe denkt keiner. Es gibt auch kaum einen, der dazu in der Lage wäre. Die Schieflage der „Johanne" hat sich durch das Kappen des Mastes nicht verbessert, im Gegenteil. Die Sturzseen setzen ihr Zerstörungswerk an Oberdeck nicht nur fort, sondern die über Bord gegangenen Masten wirken nun wie Rammböcke auf das Oberdeck und den Schiffsrumpf, da Reste der Takelage sie noch mit ihm verbinden. Die Kajüten des Kapitäns und des Steuermanns sind schnell völlig zerstört. Kein Passagier kann dort mehr Zuflucht finden.

Umstürzende und an Oberdeck herumschwimmende Gegenstände verletzen weitere Menschen. Die über dem Schiff sich brechenden oder die das Deck mit Gewalt überflutenden Wellen spülen immer mehr Passagiere über Bord. Der Tod ist am Ernten.

Trotz des Sturmes schreien Kapitän und Steuermann ihre Befehle: „Festhalten Leute!“ und gleich danach zu denen, die sich verzweifelt an irgendetwas klammern: „Nicht loslassen! Bleibt zusammen, bindet euch an!“

Es ist unübersehbar, dass die um ihr Leben ringenden Menschen aus Verzweifelung oder Schwäche sich bei einer der nächsten Wellen ins Meer gleiten lassen. Der Tod des Ertrinkens ist ihnen gewiss. Es sind noch mindestens zwei Stunden bis zum Hochwasser. So lange steigt das Wasser weiter.

Auch die seeerfahrenen Matrosen sind an Oberdeck im vollen Einsatz. Sie machen fest, was sich lösen will oder kappen Tampen, die unnötig herumschwimmen und zu menschlichen Fallen werden können. Im Schiffsrumpf harren Matrosen aus, um das zunehmend eindringende Wasser zu lenzen. Ihr Kampf ist ein Kampf mit einem Drachen, dem immer wieder der Kopf nachwächst. Immer mehr Seewasser dringt über Leckagen und die offenen Luken in den Schiffsleib ein. Das Lenzen wird bald aufgegeben. Im Zwischendeck hocken aber noch immer verängstigte Passagiere.

Inzwischen ist auch Jacob mit seiner Frau auf dem überfüllten Oberdeck angekommen. Sie halten sich an Schiffsteilen fest, so gut sie nur können. Bis auf die Haut sind sie nass. Sie beginnen zu frieren. Nun kommen auch die beiden Söhne August und Carl der Schwägerin Elisabeth den Niedergang hoch. Sie sind dabei sehr vorsichtig, denn Elisabeth hat sich einen offenen Bruch am rechten Unterschenkel zugezogen.

Ganz plötzlich ist sie unter Deck von einem schweren Gegenstand, der sich beim Kentern der „Johanne“ von seiner Befestigung löste, getroffen worden. In der Dämmerung, die unter Deck herrscht, und beim Gedränge der verängstigten Menschen kann ihr keiner Hilfe leisten. So nehmen die beiden starken Jungen sie unter den Arm, schleppen sie zum Niedergang und dann vorsichtig zum Oberdeck hinauf. Als alle drei endlich das von Wind, Regenschauern und Wellen gepeitschte Deck erreichen, kommt eine gewaltige Sturzsee und reißt sie von Bord und in das aufgewühlte Meer. Die Jungen wollen mit aller Kraft bei der verletzten Mutter bleiben, aber sie schaffen es nicht. Fäuste und Hände lösen sich. Alle drei treiben schnell, für einander unerreichbar, auseinander und verlieren sich aus den Augen.

Jacob hat den Anfang dieses Geschehens mit Schrecken und Hilflosigkeit beobachtet. Alle Kraft und Vernunft bringt er nun umso mehr dafür auf, seine Frau und die vier Kinder zusammenzuhalten.

Seit dem Schiffbruch ist inzwischen eine Stunde vergangen. Noch immer steigt das Wasser. Von der Insel Spiekeroog sind vom Schiff aus nur die Randdünen im Regen und in der Gischt zu sehen. Sie sind am Abbruch zum Meer etwa 10 Meter hoch. Ab einer gewissen Höhe sind sie spärlich mit Dünengras und Sanddornbüschen bewachsen. Es gibt in den Dünen nur wenige Einschnitte, um an das Meer zu kommen oder in das Innere der Insel zu gelangen. Dort liegen die Trampelpfade, die zum Strand führen. Die Insulaner haben sie mit Schaufel und Schubkarre hier und da erweitert, um bei jedem Wetter an den Strand kommen zu können.

Bei dem tobenden Sturm und im Spätherbst ist kein Insulaner am Strand. Auch ist der begehbare Küstensteifen unter den Abbrüchen der Dünen schmal. Bei Hochwasser sucht keiner nach Strandgut.

Kapitän Oldejans hat angeordnet, Signalflaggen an einem der hohen Mastenden zu befestigen. Die Matrosen hissen die Flaggen für: „Mann über Bord!“ und für „benötigen Hilfe!“ Andere Hilfsmittel haben sie nicht. Alles Schreien und Rufen um Hilfe ist bei dem Sturm sinnlos. Das weiß auch der Kapitän. Alle müssen sie auf dem gekenterten Schiff ausharren, bis sie entdeckt werden, der Sturm nachlässt, das Wasser fällt und sie vielleicht ohne allzu große Gefahr das feste Land erreichen können.

Jacob und die Seinen halten sich an irgendetwas fest oder reichen sich die Hände. Aber bald gehen der siebenjährigen Anna Elisabeth die Kräfte aus. Sie lässt für einen Augenblick ihren großen und kräftigen Bruder Friedrich los. Im selben Moment bricht eine neue Grundsee über dem Schiff zusammen und im Sog der ablaufenden Wassermassen verlieren Elisabeth und Friedrich den Fußkontakt und werden in das brausende Meer hineingezogen.

Eine weitere Stunde vergeht. Auf einmal sieht ein Matrose, der sich in der Nähe des Bugs fest angeseilt hat, Bewegung am bisher toten und von der See gequälten Strand. Es sind Männer und Frauen, die über die Randdüne an den schmalen und noch begehbaren Strand kommen. Später erfahren die Passagiere, dass eine Seemannswitwe, die noch einmal nach reifem Sanddorn in den Buschdünen Ausschau halten wollte und ein Strandläufer trotz Sturm und Regen die gekenterte „Johanne" entdeckt haben. Sie sahen viele verzweifelte Menschen an Steuerbordseite, hören ihr Rufen und Schreien, die zerstörten Kajüten und die Reste von Masten. An einem Mastende flatterten die ihnen bekannten Flaggen. Sie ließen alles stehen und liegen und rannten zurück zum Dorf, um dem Strandvogt, dem Dorflehrer Adde Heike Willms, dem Pfarrer Doden und dem Ortsältesten, Bäcker Eime Onken Janssen zu melden, was sie gesehen hatten und um sofortige Hilfe zu erbitten.

Die menschliche Katastrophe, die sich an ihrer Küste abspielt, lässt die Insulaner nicht kalt. Fast alle Insulaner, über 130 sollen es gewesen sein, eilen und kämpfen sich trotz des bösen Wetters zur Randdüne. Sie sind voller Mitgefühl, als sie vor ihren Augen die um ihr Leben kämpfenden Passagiere, darunter Kinder und Säuglinge auf den Armen ihrer Mütter, in den Wellenbergen und in der Gischt erblicken.

Für Pfarrer Johann Georg Doden, seit 1849 ihr Seelsorger und 39 Jahre alt, wie für den Ortsvorsteher stellt sich angesichts der Tragödie nur die Frage: „Wie können wir Spiekerooger helfen und das so schnell wie möglich?"

Inzwischen ist es kurz vor Hochwasser. Die „Johanne" ist zu Fuß, selbst wenn sich starke Männer bis zur Brust in die kalte, aufgewühlte Brandung unter Lebensgefahr stürzen würden, nicht unversehrt zu erreichen. Das Gemeindeboot hängt im Vorraum der Inselkirche an der Decke. Man müsste das Boot mit einem Pferdefuhrwerk bis zur steilen Randdüne bringen. Dann würde es ohne Wagen und nur noch mit Pferdekraft, starken Armen und Fäusten der seeerfahrenen Insulaner weitergehen. Das würde Stunden dauern. Mit dem Boot durch das Gatt zwischen Spiekeroog und Langeoog gegen die Flut und gegen den tobenden Orkan zu rudern, erscheint aussichtslos. Das Boot und seine Ruderer würden in höchste Gefahr geraten. Aber es ist auch nicht einsatzbereit. So entschließt man sich, das Hochwasser abzuwarten und bei ablaufendem Wasser die Rettung vom Strand aus zu versuchen. Der Anblick des menschlichen Leides wird Wille und Kräfte wachsen lassen. Aber soweit ist es noch nicht.

Auf der mit schwerer Schlagseite an Backbordseite schon im Wasser liegenden „Johanne", die der Brandung schutzlos ausgesetzt ist, geht das

Sterben bei den dichtgedrängten Passagieren weiter. Keiner der Mannschaft kann dem Einhalt gebieten. Die ausgegebene Devise heißt nach wie vor: Festhalten, sich möglichst anseilen und nicht ermüden. Die Brecher und Sturzseen fegen das Kajütdeck ohne Erbarmen und Unterlass von allen nicht gesicherten Gegenständen frei. Woran sollen sich da die verängstigten Menschen noch anseilen oder woran festhalten? So tun sie es gegenseitig.

Marie, die älteste, bald 17 Jahre alte Tochter, steht nicht weit von Jacob und Gertrud, ihren Eltern. Sie ist erschöpft und klammert sich an die Schiffsbrüstung auf Steuerbordseite. Weiter mittschiffs hat sie keinen Halt mehr gefunden. Da kommt wieder eine der furchtbaren Sturzseen und drückt das Wrack nach unten und noch mehr in die Brandung. Marie verliert für einen Augenblick den Halt unter den Füßen. Mit aller Kraft klammert sie sich an irgendetwas fest und will um Hilfe schreien. Im selben Augenblick stürzt eine gewaltige Woge über ihr zusammen. Sie lässt los und wird sofort über Bord gerissen. Niemand hat sie seitdem wieder gesehen. Als die Eltern mit den Augen nach ihr suchen, finden sie sie nicht mehr an ihrem früheren, fast ungeschützten Platz. Verzweifelt rufen sie ihren Namen. Mehr können sie nicht tun. Auch sie halten sich gemeinsam mit allen noch vorhandenen Kräften gegenseitig und an festen Trümmerstücken des Kajütdecks fest.

August, der jüngere und zweite Sohn, erst 12 Jahre alt, ist der letzte der Geschwister Vollmer. Auch ihn ereilt der Tod in der See. Er will noch einmal in das Zwischendeck, um Stricke, Decken oder Planen zu holen, die seine Eltern und ihn selbst vor den Sturzseen etwas schützen können.

Als August in einem günstigen Augenblick mit großer Mühe den Niedergang erreicht, sind seine Kräfte schon fast erschöpft. Trotz der Brecher mit seinen Wassermassen klettert er über den Niedergang in das Zwischendeck nach unten. Dort ist es trotz der Mittagszeit fast dunkel. Nur durch die wenigen Bullaugen an Steuerbordseite dringt spärliches Licht.

August hangelt sich von Koje zu Koje. Nur das Tosen des Sturmes und der Wellen ist zu hören. Menschen scheinen sich hier unten nicht mehr aufzuhalten. August findet Decken, etwas Segeltuch und ein paar Stricke. Alles ist durchnässt, aber wohl noch zu gebrauchen. Er nimmt die gesuchten Gegenstände in die Hände und kämpft sich zurück zum

Niedergang, über den bei großen Brechern Ströme von Wasser in das Zwischendeck stürzen. Endlich hat er es geschafft.

Er steht geduckt wieder an Oberdeck und sucht die Eltern, weil er etwas die Orientierung verloren hat. Endlich hat er sie gesehen. Aber er hat nicht die nächste Sturzsee mitbekommen. Bisher hat er nichts Festes in der freien Hand. Da erfasst ihn die Welle und reißt ihn mit sich. Weitere Wellen spülen ihn über Bord. Alles geht rasend schnell. Klar denken kann August dabei nicht. Er ringt um Luft. Die aus dem Zwischendeck geholten Sachen sind ihm längst aus den Händen gerissen worden. Er sucht verzweifelt nach einem Halt. Eine kurze und steile Grundsee, die durch die Untiefen vor dem Spiekerooger Strand entstand, packt ihn und zieht ihn mit großer Gewalt ins tosende Wasser. Dieses drückt ihn hinunter. Als er für einen kurzen Augenblick auftaucht, ringt August um Luft. Aber schon ergreift ihn die nächste Welle und drückt ihn wieder unter Wasser. Diesmal kommt August nicht wieder an die Wasseroberfläche. Er ringt um Atem, aber schluckt nur große Mengen von Wasser. Das wiederholt sich. Die Kräfte verlassen ihn. Das Ringen um Luft wird immer verzweifelter. Er sinkt tiefer und verliert das Bewusstsein. So wird auch er Opfer der grausamen Nordsee.

Inzwischen hat die Ebbe eingesetzt. Am Strand in der Nähe des späteren Damenpads haben sich die meisten Insulaner versammelt. Darunter sturmerfahrene Männer in Ölzeug und mit Südwestern auf dem Kopf. Als das Wasser zurückgeht, wird nun langsam auch die Dreimastbark zu Fuß erreichbar. Die See ist zwischen der Sandbank, auf der die „Johanne" festsitzt, und dem Festland ein wenig ruhiger geworden. Die Wellen sind jetzt niedriger als während des letzten Hochwassers.

Auf der „Johanne" haben Kapitän und Steuermann wieder das Kommando. Die Passagiere, aus der unmittelbaren Lebensangst befreit, befolgen ihre Anordnungen. Alle versuchen, den Männern, die sich im noch recht hohen Wasser zu Fuß dem Wrack nähern, zu helfen. Sie sollen keine in Panik geratene Menschenmasse vorfinden.

Im Wasser zwischen Festland und Wrack bilden sich zwei Ketten von Männern. Dann beginnt die Evakuierung, zuerst die Mütter mit den Säuglingen und den Kindern, dann die Jugendlichen, die Frauen und schließlich die Männer. Die Mannschaft, von der kein Seemann vermisst wird, hilft griffsicher mit.

Alle Überlebenden, vor allem aber die Passagiere, machen einen erschöpften Eindruck und sind völlig durchnässt. Am Strand werden die Geretteten von den Spiekerooger Frauen ein wenig abgetrocknet, in Decken gehüllt und mit heißen Getränken versorgt. Die Organisation hat Pfarrer Doden in der Hand. Nach der Erstversorgung werden alle auf die 30 Häuser der Insulaner verteilt. Hundertvierunddreißig Einwohner zählt die Inselgemeinde. Die Zahl der geretteten Passagiere beträgt 139; dazu kommt die Mannschaft der „Johanne".

Spiekeroog ist seit rund 600 Jahren besiedelt. Die erste urkundliche Erwähnung ist von 1398. Es ist eine aus einer Plate, durch riesige Mengen von Dünensand entstandene Insel. An ihrer Ostplate ist die Inselbildung gut zu beobachten. Im Westen der Insel versucht das Meer mit seinen Stürmen und seinem Wellenschlag sie wieder abzutragen. Dünen- und Strandbefestigungen halten die Arbeit der Naturgewalten auf. Die heutige Inselgemeinde mit ihren Häusern besteht erst seit Ende des 16. Jahrhunderts. Die älteren Besiedlungen wurden durch große Fluten zerstört. Die neue Siedlung liegt wieder an der Wattseite hinter der breiten Kette der Dünen zur Seeseite.

Abb. 8: Spiekeroog zur Zeit einer leichten Sturmflut, von Ost nach West gesehen; rechts Norden, um etwa 1925.

1696 errichteten die Insulaner im Dorfkern ihre schlichte ev. luth. Pfarrkirche und darum ihren kleinen Friedhof.

Die wenigen Familien um 1850 leben wie ihre Vorfahren von der Seefahrt, vom Fischfang und von ein wenig Landwirtschaft zum Eigenbedarf. Die Seeleute heuern auf Frachtschiffen und auf Walfängern an.

Als Seebad wird Spiekeroog erst ab 1846 bezeichnet. Damals aber gibt es noch keinen Fremdenverkehr. Wer auf die Insel will, ist auf den seit 1791 vertraglich gesicherten Fährverkehr angewiesen. Er verkehrt nur einmal in der Woche.

Abb. 9: Ältestes Bild der Spiekerooger Alten Inselkirche aus dem Jahre 1874 (Kohlezeichnung von Piet van Everdingen).

Die Fähre, es ist die Schaluppe „Prinzessin Maria" unter dem Schiffer Ubbe Harms, geht im Fischereihafen von Neuharlingersiel kurz vor Hochwasser in See. In Spiekeroog gibt es keinen Hafen, auch nicht eine Anlegestelle. Diese wird erst 1890 im äußersten Westen der Insel gebaut. Sie liegt am südlichen Ende des auslaufenden Gatts zwischen Langeoog und Spiekeroog. Mit dem Anleger verbunden ist die Pferdebahn, die wenige Jahre vorher eingerichtet wurde.

Im November 1854 kommen die Inselbewohner und ihre Gäste vom Fährboot aus Neuharlingersiel an der Wattseite von Spiekeroog auf den Schultern von starken Männern, auf einen im Wasser stehenden Pferdewagen oder mit hochgeschürzten Röcken oder Hosen und bloßen Füßen auf die Insel.

Abb. 10: Fährschiff „Prinzessin Maria".

So ist im Jahr der Schiffstragödie der „Johanne" Spiekeroog eine wenig beachtete, ärmliche ostfriesische Insel. Ihr Baumbestand zwischen den Dünen und auf der Wattseite und ihre umfangreichen Salzwiesen brachten ihr später den Namen „die grüne Insel" ein.

Die Insulaner leben in ihren niedrigen Ried gedeckten Häusern, die aus Ziegeln gebaut sind. Sie liegen um ihre Kirche geschart. Ihr größter Luxus ist ihre gute Stube mit einfachen zum Teil selbstgebauten Möbeln und hier und da mit Delfter Kacheln an den Wänden.

Abb. 11: Altes Inselhaus im Dorfkern, heute.

Soweit die Männer nicht auf See sind, verleben sie hier die langen Wintertage, ihre kleinen Feste und trinken dabei Tee mit Kluntjes, einen steifen Grog oder kosten vielleicht an ihrem großen Löffel gefüllt mit „Bohntjesopp", eine kleine Verwöhnung aus Branntwein und gequollenen Rosinen, die nur zu einem besonderen Anlass ausgeschenkt wird.

Am 6. November bildet sich eine Menschenschlange, von einigen Pferdefuhrwerken unterbrochen, die sich vom Strand zum Ort fortbewegt. Es sind die Spiekerooger mit den Geretteten der „Johanne". Diese sind in Decken gehüllt, mancher wird gestützt, Kinder halten sich an den Erwachsenen fest und die Säuglinge der Geretteten ruhen in den Armen besorgter Frauen. Von den 14 Säuglingen an Bord überleben nur sieben. Die anderen Säuglinge sind mit ihren Müttern ertrunken, die verzweifelt das junge Leben bis zur Selbstaufgabe schützen wollten. Nur vier können auch in Spiekeroog beerdigt werden. Drei bleiben vermisst.

Die Geretteten werden auf die Spiekerooger Familien verteilt. Mindestens vier Personen übernimmt und versorgt jeder Haushalt. Hierunter sind Familiennamen, die heute noch auf Spiekeroog vorkommen, wie z. B.: Willms, Büschen, Wiethorn, Janssen, Sanders. Pfarrer Doden mit seiner Frau kümmert sich vorbildlich um die Überlebenden, was bei den Insulanern gut ankommt. Fast alle machen es ihnen gleich.

Abb. 12: Wohnstube einer Schifferfamilie des 19. Jahrhunderts.

Inzwischen ist die Ebbe weit fortgeschritten. Niedrigwasser ist bis zum Eintreten der Dunkelheit zu erwarten. Der vom Meer freigegebene Strand zeigt unzählige Spuren der Schiffskatastrophe. Da liegen Ertrunkene. Manche von ihnen mit schweren Wunden bedeckt. Auch einzelne Körperteile, die nicht zuzuordnen sind, liegen verstreut am Spülsaum, daneben Kisten, Koffer, Kleiderbündel und vieles mehr. Zuzuordnen ist es einzelnen Passagieren zunächst nicht.

Manches gehört auch zur Ausstattung der Dreimastbark. Alles gilt es nun zu bergen. Die mit dem Strandrecht aufgewachsenen Insulaner geraten beim Bergen, Ordnen und Wegtransportieren der vielen Gegenstände immer wieder einmal in Gewissenskonflikte. Nach den Rechtsvorstellungen des Strandrechts gehört je ein Drittel des Geborgenen dem Finder, dem Landesherrn und dem Eigentümer. Nicht selten wird diese Regelung umgangen, wobei sich die Insulaner wegen ihrer Mühen im Recht fühlen und sich deshalb an die schwer zu überwachende Regelung nicht halten. Aber bei dem geretteten Gut der Passagiere ist das anders. Vielleicht gehört ja das, was sie am Strand bergen, einem der bedauernswerten Überlebenden und ihren Familien?

Nach der Rettung der Passagiere von Bord der „Johanne" wagen sich einige beherzte Männer unter Deck des gekenterten Schiffes. Sie haben Fackeln und Öllampen mitgebracht, die sie beim Durchwaten des zurücklaufenden Wassers mühsam trocken gehalten haben. Als sie sich die Niedergänge vom Kajütdeck zum Zwischendeck heruntergehangelt und sich ihre Augen an das dürftige Licht gewöhnt haben, entdecken sie in einer Ecke dicht aneinander gedrängt 13 Passagiere. Entmutigt und lethargisch sitzen sie dort und harren auf ihr Ende. Sie glauben ihren Augen nicht, als sie ihre Retter sehen. Überglücklich machen sie sich bemerkbar und werden viel später als alle anderen noch gerettet.

Am nächsten Tag ist gegen drei Uhr nachmittags Hochwasser. Die Tide ist für Suchaktionen ungünstig. Später liegen noch weitere Ertrunkene am Strand. Sie werden zu den anderen gebracht, die das Meer freigegeben hat. Auch Gepäckstücke und sehr persönliche Sachen finden die suchenden Insulaner. Sie bergen alles und versuchen, die Eigentümer unter den Schiffbrüchigen auszumachen.

Der „Johanne" setzt nun jede Flut erneut zu. Es lohnt sich nicht, den Schiffsrumpf zu bergen, um ihn wiederzuverwenden. Dazu gibt es noch keine kräftigen technischen Hilfsmittel. Jede Flut reißt weitere Schiffsteile vom Rumpf. Die Insulaner können jedes brauchbare Holz verwerten, notfalls getrocknet als Brennholz. Jahrhunderte haben sie das schon getan und ihren Strand als Gottesgabe verstanden. Es dauert Monate, sogar letztlich einige Jahre, bis von dem Wrack bei Niedrigwasser nichts mehr zu sehen ist. Das Meer und der Fließsand haben das ehemals stolze Schiff zerstört und in Schlick und Sand der Küste beerdigt. So gibt es nach einigen Jahren keine Spur mehr von der Dreimastbark, die bereits in den ersten Tagen ihrer Jungfernfahrt beim orkanartigen Herbststurm am 6. November 1854 vor Spiekeroog auf Grund lief.

Aufenthalt auf Spiekeroog

Die seit langem auf Spiekeroog ansässige Familie Büschen nimmt sich des Ehepaars Jacob und Gertrud Vollmer an. Sie haben in ihrem ostfriesischen Häuschen noch ein zur Zeit nicht gebrauchtes kleines Zimmer mit einem Ehebett frei. Dort quartieren sie das völlig durchnässte und frierende Ehepaar ein. Vorher werden die beiden für einige Minuten hintereinander in eine Wanne mit warmen Wasser gesteckt, um sich von Grund auf zu erwärmen. Ein solches Vollbad ist sehr aufwändig und braucht große Vorbereitungen. Ein Ofen muss mit kostbarem Brennholz gefüttert werden, um das notwendige heiße Wasser zu erzeugen. Büschens haben dafür rechtzeitig gesorgt.

Nach dieser körperlichen Wohltat geht es in das mit erhitzten Steinen, die in Tücher gewickelt sind, so vorgewärmte Federbett. Dort bekommen sie noch Tee, etwas Haferbrei und Butterbrote zu essen. Dann lassen die Gasteltern die beiden in Ruhe. Sie schlafen schnell ein. Auch die anderen Insulaner umsorgen die Geretteten und bei ihnen Untergekommenen auf ähnliche Weise.

Jacob und Gertrud fallen in einen Schlaf der Erschöpfung, der viele Stunden andauert.

Das Ehepaar Büschen hat noch zwei junge alleinstehende Frauen bei sich aufgenommen. Auch sie wollten auf der „Johanne" in Amerika ihr Glück suchen. Beide hatten die Kenterung der Dreimastbark recht gut überlebt. Aber erschöpft und durchgefroren sind auch sie.

Als Gertrud am 7. November vormittags erwacht, steht Jacob vor ihrem Bett. Sie schlief zuletzt sehr unruhig und wälzte sich hin und her. Jacob ist schon lange auf den Beinen. Nun schaut er nach seiner Frau und erlebt, wie sie aus dem Schlaf erwacht. Er fragt sie: „Gertrud, wie geht es dir?" Gertrud schweigt. Dann sagt sie leise: „Weißt du etwas von unseren Kindern?" und nach einer kurzen Pause, „und von meiner Schwester?" Jacob spürt, dass diese Fragen sie auch im Schlaf gequält haben.

Als Gertrud noch schlief, hat Jacob bei Frau Büschen gefrühstückt und erste Nachrichten eingeholt. Vorher war er von ihr notdürftig mit Sachen ihres Mannes eingekleidet worden. Seine eigene Kleidung war zerfetzt oder noch nicht tragbar. Nach kurzem Nachdenken spricht er zu seiner

Frau: „Gertrud, ich war, als du noch schliefst, beim Inselpfarrer Doden mit denselben Fragen. Er meint, es sind noch Tote bei der Tide an das Ufer gespült worden. Sie werden zur Zeit identifiziert. Vielleicht wirst du dazu bald gebraucht."

Gertrud ist sehr still, und dann kommt es von ihren Lippen. „Sind unter den Toten unsere Kinder?" Jacob kann das nicht bestätigen. So sagt er zu ihr: „Wir müssen Geduld haben. Bald wissen wir mehr. Unter den Geretteten sind unsere Lieben nicht und unter den Toten wohl auch nicht." Er fügt leise hinzu: „Wir müssen mit dem Schlimmsten rechnen. Bei der heutigen Wassertemperatur bleibt kein im Meer Vermisster lange am Leben." Gertrud ahnt, was er damit sagen will. Auch ihre Hoffnung auf ein Wiedersehen mit ihren Kindern, mit der Schwester und deren beiden Söhnen schwindet.

Da kommt Frau Büschen in das Zimmer mit einer warmen, kräftigen Gemüsesuppe, ein paar bestrichenen Scheiben Brot und mit einer Kanne heißem Tee. Sie ist von praktischer Natur, legt Gertrud frische Kleidung hin und fordert, nachdem sie ihr den Puls gefühlt und ihr die Hand auf die Stirn gelegt hat, zum Essen auf. Jacob spricht seiner Frau gut zu und sagt im Hinausgehen aus dem Zimmer: „Ich gehe jetzt zu Pfarrer Doden. Er wird mir vielleicht auf unsere Fragen nun Antwort geben können."

Im Pfarrhaus trifft er den Pfarrer, den Ortsvorsteher Janssen und einige Insulaner. Sie sind beim Ausfüllen von Listen. Auf Jacobs Fragen, wieviele Tote bisher angeschwemmt worden seien, wer von den Passagieren bei welchen Familien untergekommen und wo Kapitän Oldejans zu finden ist, erhält er ausreichende Antwort. Zugleich bittet ihn der Pfarrer, bei der Identifikation der Toten zu helfen. Jacob eilt zum Strand.

Dort zählt man inzwischen 19 Ertrunkene. Sie weisen zum Teil schwere Verletzungen auf. Diese haben sie sich wohl noch an Bord oder im Wasser in der Nähe des Wracks geholt. Unter ihnen ist seine Schwägerin Elisabeth. Sie ist bereits von der jungen, alleinstehenden Frau Engel aus Oberkaufungen identifiziert worden. Ihr Entschluss zur Auswanderung hatte damals in der Heimat alle überrascht. Sie hatte die Strandung der „Johanne" unverletzt überlebt. Von den Kindern seiner Schwägerin und von seinen eigenen vier Kindern liegt keiner unter den Ertrunkenen am Strand. Jacob geht still wieder heim. Seine Hilfe wird nicht gebraucht. Gertrud schläft wieder. Sie hat etwas Fieber und hat sich erbrochen.

In den nächsten Tagen wird noch der eine oder andere Passagier angespült. Es wird aber immer schwieriger, ihn zu identifizieren. Bei einem Kleinkind, einem Jungen, ist es noch möglich. Es ist Conrad Meyerouth aus Gesees bei Bayreuth.

Pfarrer Doden ist über die Zahl der Toten nicht überrascht. Auf dem kleinen Friedhof bei der Inselkirche finden so viel Ertrunkene keinen Platz. So schlägt er in einer Sitzung beim Ortsvorsteher vor, einen eigenen kleinen Friedhof am Fuß der Dünen wattseitig nordöstlich der Dorfbebauung anzulegen. Alle stimmen zu, befürchten sie doch, dass es in den kommenden Jahren bei den Toten der „Johanne" nicht bleiben wird. Sie hatten recht. Zur Erinnerung an die Ertrunkenen soll ein eisernes Kreuz und ein Schiffsanker aufgestellt werden. Die Inschrift des Kreuzes soll lauten:

„Ich bin die Auferstehung und das Leben." , Joh. 11, 25

Erst 1859 wird dieser Plan verwirklicht.

Eine andere Frage ist die nach dem Termin für die Beerdigung und nach den erforderlichen Särgen. Der Gedenkgottesdienst in der Inselkirche wird für den 9. November abends angesetzt. Leider hat die Gemeinde für die Grablegung nicht die nötige Zahl von Särgen und herstellen lassen sie sich kurzfristig auch nicht. So sind sich alle einig, dass die Ertrunkenen in Segeltuch gehüllt und nebeneinander in einer aus dem Sand ausgehobenen Grube ihre letzte Ruhe finden sollen.

Kapitän Oldejans ist zur Sitzung dazu gestoßen. Man bittet ihn, bei der Aufstellung der Totenliste zu helfen. Aber er vervollständigt die Passagierliste bereits um die Rubriken: „Gerettete" und „Gebliebene", die trotz der Kenterung der „Johanne" geborgen wurde. Er selber hat bereits seine Reederei und die für die Passagiere besonders wichtige Versicherung (Assecuranz-Compagnie) vom Geschehen unterrichtet. Er ist sich sicher, dass bald Angestellte der Versicherung mit den Expedienten (Angestellten) der Reederei auf Spiekeroog erscheinen werden.

Alle sind sich einig, dass die Insulaner mit ihren Familien bei der vorläufigen Unterbringung der Schiffbrüchigen, ihrer Versorgung und Bekleidung das Mögliche und noch etwas mehr getan haben.

Als Pfarrer Johann Doden zurück in das Pfarrhaus kommt, hört er das leise Geplapper seines eineinhalbjährigen Johannes. Sonst ist Traurigkeit im Haus zu spüren. Er befragt seine Frau Elisabeth, die er in der Küche am Herd trifft, was denn geschehen sei. Sie antwortete unter Tränen „Johann! Der kleine Christian ist vorhin an Unterkühlung gestorben.“ Als zweieinhalbjähriger Junge ist er zu lange dem Sturm und den Wogen ausgesetzt gewesen. Seine Mutter, die Witwe Louise Kuhl, geb. Unger, und seine fünf älteren Geschwister sind bei ihm. Christian ist der einzige der Kuhls, der die Tragödie nicht überlebte.

Johann Doden ist sehr betroffen. Er sagt leise zu seiner Frau, so dass es fast keiner hören kann: „Es geschehe Gottes Wille. Christian ist auf dem Weg in die Ewigkeit.“

Nach Stunden wacht Gertrud im Hause Büschen aus ihrem Erschöpfungsschlaf auf. Johann, ihr Mann, Frau Büschen und Pfarrer Doden stehen in der niedrigen Stube an ihrem Bett. Alle schauen ernst aus.

Dann fasst sich Pfarrer Doden ein Herz und er sagt: „Frau Vollmer, geht es ihnen wieder besser?“ Als sie das mit einem Kopfnicken und leisem ja bestätigt, spricht Pfarrer Doden weiter: „Wir sind beruhigt, dass es bergauf geht, liebe Frau Vollmer.“ Er macht eine kleine Pause und überlegt. Dann spricht er weiter: „Beim Unglück mit der ‚Johanne‘ hat es viele Opfer gegeben. Ihre liebe Schwester Elisabeth ist tot an den Strand gespült worden. Frau Engel aus Oberkaufungen hat sie wiedererkannt. Anschließend hat es auch ihr Mann Jacob getan. Von ihren vier Kindern und von den beiden Söhnen ihrer Schwester wissen wir nichts. Sie sind bisher nicht unter den Toten. Vielleicht sind sie abgetrieben worden. Dann findet man sie am Strand von Wangerooge. Wir wollen die Hoffnung nicht aufgeben.“ Bei dieser Nachricht hält Frau Büschen voller mütterlicher Zuwendung Gertruds Hand und Jacob streicht ihr über die Haare. Alle stehen still um ihr Bett. Sie schluchzt leise vor sich hin. Sagen kann sie nichts. Was soll sie bei diesem schweren Schicksalsschlag auch sagen?

Am Strand von Spiekeroog ist es am 8. November nachmittags ruhig geworden. Ein paar Insulaner mit einem Pferdefuhrwerk sammeln Gegenstände auf,vor allem von dem draußen auf der Sandbank liegenden Wrack. An diesem Tage werden von Strandläufern keine Toten mehr am Spülsaum gefunden. Die Tragöde vor Spiekeroog hat ein vorläufiges Ende gefunden

Im Dorf sieht man jetzt häufig Gerettete von der „Johanne“. Sie tragen Bekleidungsstücke, die ihnen die Insulaner schenkten. So ist ihre Garderobe bunt und vielfältig und mehr dem Sommer als dem Herbst angepasst. Ihre Habe erhielten sie nur selten zurück und das, was sie bei ihrer Rettung trugen, ist in der Wäsche oder zerrissen und unbrauchbar geworden. Zu kaufen gibt es auf Spiekeroog fast nichts. Sie besuchen sich gegenseitig, um zu beraten, wie es weitergehen soll. Sie sehen beim Ortsvorsteher oder im Pfarrhaus die Liste der Toten und die Liste der Überlebenden und ihre Unterbringung durch. Auch helfen sie bei der Identifikation der Ertrunkenen. Dabei lesen sie den Anschlag über die angesetzte Trauerfeier und über die anschließende Beerdigung der Heimgegangenen.

Abb. 13: Inselpfarrer Johann Georg Doden 1849 bis 1859.

Am Platz des neuen Friedhofes, dem Drinkeldoden-Karkhof, sind mehrere Männer dabei, Sand und Klei für die große Grabstelle auszuheben.

In der Gastwirtschaft vom Insulaner Steffen Willms, dem früheren Steuermann und Kapitän, ist Kapitän Oldejans untergekommen. Er ist nicht der einzige bei dieser Familie. Auch der Zimmergeselle Johann Singer aus Thierlach in Bayern, seine Lebensgefährtin Elisabeth Fischer aus Bobengrün und die drei Kindern wohnen hier. Dem siebenmonatigen Kleinkind Johann geht es nicht gut. Er nimmt keine Nahrung zu sich, hat Fieber und schläft die ganze Zeit. Johanns Vater ist wahrscheinlich der Zimmergeselle Singer. Doch das weiß man nicht so genau.

Im Gastzimmer sitzen der Kapitän und sein Steuermann Schnelle zusammen und arbeiten an der Passagierliste. Sie enthält alle Personen, die sich am 30. Oktober in Bremerhaven als Passagiere auf der Dreimastbark „Johanne" eingeschifft haben. Aber sie erfasst namentlich nur Familienvorstände und die Zahl ihrer Angehörigen. Im übrigen überwiegen alleinstehende Männer und Frauen. Es waren Ende Oktober 1854 zweihundertsechzehn Personen.

Was ist aus ihnen geworden? Sie schicken die zuverlässigsten Matrosen zum Ortsvorsteher wegen der Totenliste, und sie suchen jede einzelne

Familie auf der Insel auf, um nach den Toten und den Vermissten zu fragen. Ihr Stichtag ist der 8. November. Oldejans und Schnelle wenden viel Sorgfalt auf, um ihre Aufstellung vollständig und schlüssig zu machen. Sie wird am 16. November 1854 in der in Bremen erscheinenden „Deutschen Auswandererzeitung" veröffentlicht. Oldejans befürchtet, dass die Liste Fehler enthalten könnte, und so war es auch. Während des Sturmes auf der Nordsee ist unter Deck ein Junge geboren worden. Mutter ist die unverheiratete Margarete Hammerbacher. Die Geburt in der Enge und Dunkelheit des Zwischendecks entbehrt nicht etwas Schicksalhaften. Nur die anwesenden Frauen können der Schwangeren in ihrer Not geholfen haben. Der kleine Bub war am Leben, aber nur für wenige Tage. Der Vater blieb unbekannt. Kapitän Oldejans erfuhr vom Geschehen, denn sonst hätte er später den kleinen Leichnam nicht identifizieren können. Die Mutter und ihr Säugling ertranken. Wahrscheinlich gehört die Mutter zu den angeschwemmten jungen toten Frauen, die namenlos in dem vom Pfarrer geführten Toten- und Begräbnisbuch von Spiekeroog verzeichnet sind. In der in Spiekeroog vervollständigten Passagierliste fehlt das Neugeborene.

Die Liste zeigt das Ausmaß der Schiffskatastrophe. Nur 139 Passagiere werden gerettet. 77 davon sind „geblieben." Die auf der Insel geführte Liste erfasst 23 identifizierte Personen und 14 unbekannte. Bei ihnen konnte man nur das Geschlecht und das ungefähre Alter bestimmen. Insgesamt wurden in Spiekeroog vom 9. November 1854 bis 8. Mai 1855 37 Personen beerdigt, die wahrscheinlich alle Passagiere der Johanne waren.

Oldejans und Schnelle haben mit der Erstellung der vervollständigten Liste zunächst eine Grundlage für die Reederei, für die Versicherung, für das königlich hannoversche Amtsgericht in Esens und für das spätere Seegerichtsverfahren geschaffen.

Beide sind sich wegen der Strandung der Dreimastbark „Johanne" keiner Schuld bewusst Aber es stellen sich doch einige Fragen. Entscheidend ist, warum ist die „Johanne" am 4. November nach Sichtung der Insel Langeoog und der nach Bremerhaven segelnden Schiffe nicht in Richtung Heimathafen umgedreht? Der Wind war günstig und kam von Nordwest. Auf Reede hätte der Orkan abgewartet werden können.

Warum sind auf der „Johanne" keine Rettungsmittel vorhanden gewesen, weder Schwimmwesten noch Rettungsboote, und warum sind die Insulaner auf die Kenterung eines Schiffes an ihrer Küste nicht ausreichend vorbereitet? Aber es ist nicht zu bestreiten, dass das menschliche Leid auf der „Johanne" die Hilfsbereitschaft der „Insulaner" sofort weckte.

Für die gestellten Fragen war die Zeit in der Mitte des 19. Jahrhunderts noch nicht reif. Kapitän Oldejans ist vom Seegericht von aller Schuld freigesprochen worden. Schon bald danach bekommt er bei der Reederei Ulrici wieder ein Kommando, diesmal auf der Bark „Agen und Heinrich". 1857 ist er Kapitän der neuen Bark „Amalie".

Am 9. November 1854 abends versammeln sich die Geretteten und die Insulaner in der mit Kerzen beleuchteten Inselkirche. Die kleine Kirche kann die große Zahl von Menschen nicht fassen. So wird den Geretteten der Vortritt gelassen. Pfarrer Doden hält die Totenfeier. Die Predigt steht unter dem Bibelvers, der das im Jahr 1859 auf dem Drinkeldoden-Karkhof errichtete eiserne Kreuz schmückt:

„Ich bin die Auferstehung und das Leben."
Joh. 11, 25.

Die Predigt ist voller Mitgefühl mit den Hinterbliebenen. Sie tröstet mit dem Wort:

„Selig sind, die da Leid tragen, denn sie sollen getröstet werden."
Matthäus 5, 4.

Abb. 14: Denkmal auf dem Drinkeldoden-Karkhof für die Opfer der Schiffskatastrophe des Auswanderungsschiffes Johanne am 6.11.1854 vor Spiekeroog (im Jan. 2008).

Aber Pfarrer Doden verteufelt nicht das Meer, das den Insulanern Arbeit und Brot schenkt, das gibt und nimmt, wie es Gott gefällt.

In einem langen Zug reihen sich die Angehörigen der Ertrunkenen in den Trauerzug ein, dem sich Kapitän Oldejans, seine Mannschaft und viele Insulaner anschließen. Im offenen Grab liegen, in Segeltuch gehüllt, 22 Tote. Pfarrer Doden spricht anteilnehmende Worte, segnet die Toten und betet mit allen Anwesenden. Die Angehörigen der Toten sind traurig, aber sie sind gefasst und beugen sich Gottes Ratschluss.

Am 11. November folgen sieben weitere Opfer des Unglücks, alles Frauen und ein Mädchen, von denen nur eine identifiziert werden kann. Es ist die einjährige Ernestine Schwabe aus Dassel bei Hannover. Ihre Mutter mit einem weiteren Kind, die alle auf der „Johanne" waren, überlebten den Schiffbruch.

Am 15. November beerdigt Pfarrer Doden den kleinen Johann Fischer, der mit seiner Familie beim Gastwirt Willms untergebracht war. Johann hat tagelang um sein junges Leben gekämpft. Nun hat er verloren.

Noch sieben weitere Opfer gibt die See vom November 1854 bis Mai 1855 an der Küste von Spiekeroog frei. Auch hier sind mehr als die Hälfte Frauen bzw. ein kleines Mädchen. Unter den Toten ist die Zahl der Männer klein.

Auch auf Wangerooge, der nächsten Insel östlich von Spiekeroog, treiben am Strand der „blauen Balljе" am 11. November 1854 und am 24. Juli 1855 zwei unbekannte männliche Leichen an. Letztere ist schon stark verwest. Sie sind wohl auch Passagiere der „Johanne" gewesen.

Auf Langeoog wird am 2. Juni 1855 am Oststrand ein männlicher Ertrunkener angespült. Sein Zustand lässt vermuten, dass er schon eine lange Zeit im Wasser hin- und hergetrieben wurde. Er wird noch am Strand beerdigt. Wahrscheinlich gehörte auch er zu den vermissten Passagieren der „Johanne".

Rückkehr zum Festland

Bei Familie Büschen rüsten sich Jacob Vollmer und seine Frau Gertrud zur Fahrt nach Neuharlingersiel. Die Abreise ging überaus eilig vor sich. Der Grund ist, dass die Reederei wie die Versicherung befürchten, die Überlebenden der „Johanne" wegen der fortgeschrittenen Jahreszeit den ganzen Winter auf der Insel unterbringen und verpflegen zu müssen. So werden sie, sobald wie möglich, nach Neuharlingersiel und dann weiter über Bremen nach Bremerhaven gebracht. Hier gibt es dann eher Reisemöglichkeiten nach Amerika oder wieder in die Heimat zurück.

Jacob und Gertrud führen lange Gespräche darüber, wie es nun weitergehen könnte. Im Stillen machen sie sich beide immer wieder Vorwürfe, von der Heimat in Oberkaufungen Abschied genommen zu haben. Aber wer konnte wissen, dass ihre Seereise so schnell an der deutschen Küste bei einem unerwartet heftigen Orkan in einer Schiffskatastrophe enden würde? Jacob und Gertrud sind sich einig, zunächst mit den anderen Passagieren die von der Reederei und der Versicherung angebotene Reise nach Bremerhaven anzunehmen. Dort wird sich alles finden. Vor einer Seereise im Winter nach Baltimore fürchten sie sich.

Ab 14. und 15. November 1854 bringt die Schaluppe „Prinzessin Maria" in mehreren Fahrten bei rauer See alle Überlebenden und die Mannschaft der „Johanne" nach Neuharlingersiel. Das ist im Spätherbst ein schwieriges Unternehmen.

Leere und Stille herrschen auf der Insel, als die vielen Fremden Spiekeroog verlassen hatten. Zu einem Abschiedsgottesdienst reichte nicht mehr die Zeit. Pfarrer Doden wollte sie unter das Bibelwort stellen:

„Der Herr hat alles wohlgemacht. Gebt unserem Gott die Ehre!"

Mit vielen guten Wünschen für die Zukunft ließen die Insulaner die Schiffbrüchigen ziehen, die voll des Dankes waren. Ein Echo dieses Dankes findet sich später in mancher Zeitung und in dem ein oder anderen Brief an die Gastgeber auf Spiekeroog.

Nach stürmischer Überfahrt in Neuharlingersiel angekommen, geht es mit den wenigen Sachen, die sie retten konnten, und in der Bekleidung, die die fürsorglichen Insulaner mit anderem Nützlichen den Überlebenden schenkten, in vier Tagen nach Bremerhaven.

Kapitän Oldejans, Steuermann Schnelle und drei weitere Personen der Mannschaft der Johanne geben zehn Tage nach dem Unglück, am 16. November 1854, beim königlich hannoverschen Amtsgericht zu Esens einen langen Bericht über die Sturmfahrt und die Kenterung der „Johanne" zu Protokoll. Der Bericht schließt mit den Worten:

„Wir versichern, dass alles getan wurde, was in unseren Kräften stand, um Schiff und Passagiere zu retten, und dass wir gegen jede Verantwortlichkeit, welche durch das Schiff und der Ladung widerfahrene Unglück uns zur Last gelegt werden könnte, hiermit feierlich Protest einlegen."

Alle vorliegenden Berichte sprechen von der ungeteilten Zufriedenheit mit dem Kapitän, dem Steuermann und seiner Mannschaft, die es an keiner Anstrengung zur Rettung der Passagiere habe fehlen lassen.

In der deutschen Auswandererzeitung vom 16.11.1854 heißt es:

„Die Passagiere sollen ohne weitere Kosten mit einem anderen Schiff die Seereise nach Baltimore antreten. Bis dahin sollen die Überlebenden in Bremerhaven versorgt werden. Darüber hinaus bittet die „Direktion des Nachweisungsbüros für Auswanderer" um Spenden für die Geretteten der „Johanne", die nicht nur Angehörige und Ausrüstungsgegenstände bei dem Unglück verloren haben, sondern zunächst auch ihre glückliche Zukunft, die sie in der USA erwarteten."

Jacob und Gertrud haben bei dem Schiffsunglück der „Johanne" ihre ganze Familie verloren. Von den zwölf Familien, die die Seereise mit der „Johanne" hoffnungsvoll begannen, wurde ihrer neunköpfigen Familie das größte Opfer abverlangt. Sie traf das Unglück am schwersten. Von neun Personen waren sieben ein Opfer der aufgewühlten Nordsee geworden.

Jacob und seine Ehefrau, sehr einsam geworden, geben ihre kurhessische Entlassungsurkunde zurück. Sie ziehen zurück in ihre Heimat.

Über das weitere Schicksal der Überlebenden wurden keine Nachforschungen gemacht. Von einigen Passagieren ist bekannt, dass sie noch einmal versuchten, in die USA auszuwandern. Was aus ihnen fern der Heimat geworden ist, bleibt bisher im Dunkeln.

Nachwort

Der Untergang der Dreimastbark „Johanne" 1854 vor Spiekeroog war eines der schwersten Unglücke in der Zeit der großen Segelschiffe der deutschen Handelsmarine. Er traf 216 deutsche Auswanderer, die in den Vereinigten Staaten von Amerika eine glücklichere Zukunft erhofften als im eng gewordenen Deutschland, zergliedert in viele Herrschaftsbereiche. Die Auswanderer waren zumeist arme Leute. Es waren junge Männer und Frauen, aber auch ganze Familien, die sich auf der „Johanne" einschifften. Dieses Segelschiff war 1854 als Passagierschiff gebaut worden. Die Enge der Quartiere auf dem kleinen Schiff in den Zwischendecks muss unbeschreiblich gewesen sein. Das galt besonders für eine Seereise wie die Überfahrt von Bremerhaven nach Baltimore in Nordamerika, die immerhin drei Wochen und mehr dauern konnte.

Von der Mannschaft des Schiffes ging bei der kurzen Reise vom 1.11. bis 6. 11. 1854 im Sturm ein Matrose bei seiner Arbeit in der Takelage über Bord und ertrank.

Die Statistik für die Passagiere der „Johanne", sieht man von dem Säugling ab, der während der ersten Tage unter Deck geboren wurde, sieht folgendermaßen aus:
Eingeschifft: 216 Personen. Davon 94 Männer, 72 Frauen, 37 Kinder und 13 Säuglinge.
Gerettet wurden: 139 Personen. Davon 76 Männer, 38 Frauen, 19 Kinder und 6 Säuglinge.
Geblieben sind (ertrunken): 77 Personen. Davon 18 Männer, 34 Frauen, 18 Kinder und 7 Säuglinge.
Daraus ist ersichtlich, dass prozentual mehr als 50% der Säuglinge, 47% der Frauen und 48% der Kinder das Unglück nicht überlebten. Bei den Männern fanden 19% den Tod.
Von den 77 Gebliebenen wurden 36 auf dem Drinkeldoden-Karkhof in Spiekeroog in der Zeit vom 9.11.1854 bis 8.5.1855 beerdigt. In dieser Zahl ist der wenige Tage alte, auf dem Schiff geborene Säugling auch enthalten. 22 Personen konnten identifiziert werden. Von diesen sind 11 Personen weiblichen Geschlechts und nur drei sind Männer. Zwei weitere ertrunkene männliche Personen wurden in den nächsten Monaten am Strand von Wangerooge und eine am Oststrand von Langeoog angetrieben. Sie konnten nicht identifiziert werden. Es wären gewiss noch mehr Tote wieder erkannt worden, wenn die Überlebenden und die Mann-

schaft nicht schon am 14.11.1854 die Insel Spiekeroog und damit Ostfriesland verlassen hätten.

Gründung der DGzRS

Das Schiffsunglück an der deutschen Nordseeküste hat in der Öffentlichkeit großes Aufsehen erregt. Der Gedanke und die private Initiative zur Gründung der Deutschen Gesellschaft zur Rettung Schiffbrüchiger, die die alleinige Trägerin des zivilen Seenotrettungsdienstes an der Nord- und Ostseeküste Deutschlands noch heute ist, erfolgte in Bremen (1865).

Abb. 15: Erstes Rettungshaus von Spiekeroog mit Rettungsboot von 1862.

Aber das Rettungswesen begann auf den ostfriesischen Inseln, so auch auf Spiekeroog, bereits 1861. Das erste Rettungshaus mit einem Rettungsboot stand seit 1862 im Westen der Insel. Es ist noch heute zu sehen. Erster Vormann war Remmer Oltmanns Janssen, der erste Bürgermeister von Spiekeroog (ab 1860).

Heute übernimmt den Dienst der früheren Station Spiekeroog die von Neuharlingersiel mit einem modernen Seenotrettungsboot.

Die Schiffstragödie der Dreimastbark „Johanne", die stürmische Entwicklung zu Motorangetriebenen und schnelleren Schiffen, das gleichzeitig immer stärker werdende Auslaufen der Segelschiffe sowie die starke Zunahme des Passagierverkehrs, besonders durch Auswanderer nach Übersee, führte zu wesentlich verbesserten Sicherheitsanforderungen in der Seefahrt. Es brauchte aber noch Jahrzehnte, bis die Schiffe einem Sicherheitsstandard unterworfen wurden. Der Germanische Lloyd, 1867 als Klassifikationsgesellschaft in Hamburg gegründet, als auch die in den Jahren um 1880 durch die Sozialgesetzgebung des Deutschen Reiches entstandene Seeberufsgenossenschaft trugen zur Sicherheit im Schiffsverkehr wesentlich bei. Beide Institutionen schufen behördlich anerkannte Vorschriften für den Schiffsbau und die Sicherheit an Bord.

Von den überlebenden Passagieren der „Johanne" hat mancher der jüngeren die Überfahrt über den Atlantik in die USA noch gewagt und geschafft, Jacob und Gertrud Vollmer waren, soweit ihr Lebenslauf weiter verfolgt wurde, nicht dabei. Sie waren dazu nicht mehr jung genug und das Erlebte durfte sie entmutigt haben.

Heute erinnert an den Untergang der Johanne in Spiekeroog noch der Drinkeldoden-Karkhof mit seinem eisernen Kreuz, dem aufgestellten Anker und die bronzene Tafel der Gemeinde Kaufungen. Er liegt nicht weit von der neuen Inselkirche. Aber auch die bronzene Schiffsglocke der „Johanne", die im Heimatmuseum der Insel aufbewahrt wird, hält das Gedächtnis an die untergegangene Dreimastbark fest. Sie wurde auf Schiffen der damaligen Zeit alle halbe Stunden während einer vierstündigen Wache als Zeitzeichen angeschlagen.

Die Schiffsglocke der Dreimastbark „Johanne" ist heute im Inselmuseum Spiekeroog zu besichtigen.

Diese Schrift erarbeitete ein seit 1969 in der Sommerzeit ständiger Gast auf der grünen Insel. Im letzten Jahr des 2. Weltkrieges war er Offiziersanwärter der Kriegsmarine, zuletzt stationiert auf dem Kadettenkreuzer Emden. Nach dem Krieg wurde er nach einem Studium an der Bergakademie Clausthal im Harz niedersächsischer höherer Bergbeamter und zuletzt auch Hochschullehrer dieser Technischen Universität. Seit 1991 bzw. seit 1994 ist der Verfasser im Ruhestand. Spiekeroog blieb er treu.

Quellenverzeichnis

1) „Spiekeroog, Geschichte einer ostfriesischen Insel" von Johannes Meyer-Deepen und Meertinus P.D. Meijering, 3. Auflage 1989, und „Schiffstragödie vor Spiekeroog" 2. überarbeitete und erweiterte Auflage, Verlag: Kurverwaltung Nordseeheilbad Spiekeroog
2) 975 Jahre Kaufungen, Beiträge zur Heimatkunde, herausgegeben vom Gemeindevorstand der Gemeinde Kaufungen, 1985
3) Meyers Großes Taschenlexikon, Bibliographisches Institut München, 1983
4) Atlas zur Weltgeschichte, Georg Westermann Verlag, Braunschweig, 1967
5) Reclam Kunstführer, Deutschland Band V, Philipp Reclam jun., Stuttgart, 1967
6) Nordseeheilbad Spiekeroog, Schöning u. Co. + Gebrüder Schmidt, Lübeck, 2006
7) Deutsches Auswanderer Haus, Katalog 2006
8) Die Geschichte der Segelschiffe von Weser und Hunte und ihre Bauwerften 1790 bis 1926, von Peter Michael Pawlik, Bremen
9) Deutsche Auswanderer Zeitung, Bremen Nr. 52 - 16.11.1854
10) Weitere Zeitungsartikel aus den Jahren 2004 und 2006 der „Welt", der „taz", aus „Spiekeroog-online.de/aktuell"
11) Auszug aus dem Todes- und Begräbnisbuch der Inseln Spiekeroog und Wangerooge von 1854/55
12) Schriftwechsel mit Archiven, Museen, der DGzRS in Bremen, Ev. luth. Kirchengemeinden und Einzelpersonen

Bildverzeichnis

Abb. 1 Oberkaufungen auf der Freiheit (alter Holzschnitt), S. 6
Abb. 2 Dreimastbark „Johann Theodor" - gleicher Bautyp wie die Johanne, S. 11
Abb. 3 Die Nordseite der ersten steinernen Brücke über die Weser bei Nienburg um 1814 (Ölgemälde von van der Heyden, 2002 - Privatbesitz), S. 20
Abb. 4 Im Zwischendeck eines Segelschiffes, S. 26
Abb. 5 Auswanderer im Zwischendeck, Abbildung aus „Schiffstragödie vor Spiekeroog", Kurverwaltung Spiekeroog, S. 30
Abb. 6 Kapitän Oldejans, S. 31
Abb. 7 Seegebiet in dem die Dreimastbark „Johanne" vom 3.11. bis 6.11.1854 kreuzte, S. 34
Abb. 8 Spiekeroog zur Zeit einer leichten Sturmflut, von Ost nach West gesehen; rechts Norden, um etwa 1925, S. 42
Abb. 9 Ältestes Bild der Spiekerooger Alten Inselkirche aus dem Jahre 1874 (Kohlezeichnung von Piet van Everdingen), S. 43
Abb. 10 Fährschiff „Prinzessin Maria", S. 43
Abb. 11 Altes Inselhaus im Dorfkern, heute, S. 44
Abb. 12 Wohnstube einer Schifferfamilie des 19. Jahrhunderts, S. 45
Abb. 13 Inselpfarrer Johann Georg Doden 1849 bis 1859, S. 51
Abb. 14 Denkmal auf dem Drinkeldoden-Karkhof für die Opfer der Schiffskatastrophe des Auswanderungsschiffes „Johanne" am 6.11.1854 vor Spiekeroog, S. 53
Abb. 15 Erstes Rettungshaus von Spiekeroog mit Rettungsboot von 1862, S. 58
Abb. 16 Die Schiffsglocke der Dreimastbark „Johanne", S. 59

Bildnachweis:

Die Ordnungszahlen weisen auf das Schrifttum im Quellenverzeichnis hin.

1): Abb. 2, Abb. 5, Abb. 8, Abb. 9, Abb. 10, Abb. 12, Abb. 15;

2): Abb. 1;

7): Flyer zum Erlebnismuseum, Abb. 4;

8): Abb. 6;

Spiekerooger Inselmuseum: Abb. 13; Abb. 16;

Vom Verfasser: Abb. 3, Abb. 7;

Spiekerooger Inselbote: Abb. 11, Abb. 14.